HISTOIRE

DU

SIÉGE DE SÉBASTOPOL.

———

3ᵉ SÉRIE GRAND IN-8°.

HISTOIRE

DU

SIÉGE DE SÉBASTOPOL

SUIVIE DU

SIÉGE DE SARAGOSSE

PAR A. POILECOT.

LIMOGES,
Eugène ARDANT et C. THIBAUT,
ÉDITEURS.

LE

SIÉGE DE SÉBASTOPOL.

---◆◆◆---

I

Depuis quelques années déjà, le dissentiment
séculaire qui divisait les deux Eglises chrétiennes
du rite grec et du rite romain pour le droit à la possession des temples de la Palestine, avait attiré l'attention des gouvernements européens. La France
s'était émue des plaintes qui lui étaient adressées
comme protectrice des droits qu'un traité, signé
par elle, affirmait aux Latins, et, sur ses instances, la Turquie allait tenter de mettre l'accord
entre les partis, lorsque la Russie, cachant, sous
le spécieux prétexte de prendre en main la cause
des Grecs, les desseins que nourrissait son ambi-
tion dominatrice, intervint impérieusement dans

le débat, exigeant de la Porte, au profit de ses co-réligionnaires, des concessions incompatibles avec sa dignité et son honneur, et tendant à placer le gouvernement ottoman sous sa suzeraineté. Déjà, pour donner plus d'autorité aux prétentions exagé-rées d'un ambassadeur hautain et dédaigneux, elle avait envahi les principautés danubiennes, et jeté ainsi le masque qui couvrait ses intentions. En vain la France et l'Angleterre, unies dans les mê-mes sentiments pour préserver l'Europe des cala-mités d'une guerre désastreuse, avaient-elles épuisé toutes les voies de la conciliation au sein de la conférence de Vienne ; en vain avaient-elles hautement proclamé la ferme résolution de prêter l'apui de leurs forces à la Turquie en déployant leur pavillon dans les eaux du Bosphore, les exi-gences toujours croissantes de la Russie en face de concessions toujours nouvelles, avaient amené la rupture de ses relations diplomatiques avec la Su-blime Porte, et en 1854, la guerre était déclarée entre les deux Empires.

II

Le premier acte d'hostilité fut la destruction de la flotte turque à Sinope : poussée par une brise

favorable, l'escadre russe, sous le commandement
de l'amiral Nakimoff, était subitement entrée dans
le port, et avait sommé de se rendre une division
navale qui s'y était réfugiée contre le mauvais
temps ; mais celle-ci, préférant un désastre hono-
rable à une capitulation honteuse, avait courageusement accepté la lutte malgré son infériorité numérique, et après un combat à outrance que si-
gnalèrent des actes d'héroïsme immortels, l'escadre ottomane avait disparu tout entière dans les
flots, sans laisser au vainqueur, cruellement
éprouvé, la gloire d'emporter un trophée de sa victoire de ce sanglant et sinistre champ de bataille.

A cette nouvelle, la France et l'Angleterre or-
donnent à leurs escadres de franchir le Bosphore,
et d'entrer dans la mer Noire pour protéger Constantinople et la flotte qu'elle abritait contre le retour de pareilles tentatives. Les deux gouvernements, après avoir fait entendre une dernière fois
au czar des paroles de paix et de conciliation qui
ne sont point écoutées, rappellent les ambassa-
deurs accrédités près la cour de Russie, et se préparent à la guerre.

Tandis que, vers le mois d'avril 1854, les vaisseaux français transportaient en Orient l'armée

dont le maréchal Leroy de Saint-Arnaud prenait
le commandement ; tandis que les vaisseaux anglais emportaient l'armée que devait commander
lord Raglan, les Russes franchissaient le Danube
et mettaient le siége devant Silistrie. Afin d'être
à portée de secourir plus efficacement l'armée
turque, les alliés débarquèrent d'abord à Gallipoli,
et se transportèrent quelques mois plus tard à
Varna pour se rapprocher du théâtre des événements ; mais leur rapide concentration autour de
cette ville, la résistance héroïque de Silistrie, et
enfin le mouvement offensif de l'Autriche qui faisait avancer une armée en Valachie, obligèrent les
Russes à lever le siége de la place, et à se retirer
derrière le Pruth. Devant cette retraite inattendue, les dispositions arrêtées pour une attaque sur
le Danube étaient annéanties, et c'était sur un autre territoire qu'il fallait songer désormais à porter
la guerre, pour rencontrer un ennemi que nous ne
devions plus trouver sur le sol ottoman.

III

Une expédition en Crimée était la pensée domi-
nante, et celle que caressait plus particulièrement
l'Angleterre : assiéger et détruire Sébastopol, ce

boulevard menaçant de la puissance moscovite, ce gigantesque arsenal maritime, ce port immense que protégeaient des forteresses inexpugnables, et toujours prêt à vomir une flotte formidable, comme pour disputer aux nations l'empire absolu de la mer Noire, était le rêve qui souriait à son orgueil de souveraine des mers, et ses instructions pressantes à lord Raglan témoignaient de son ardent désir de le voir réaliser. La France, quoique moins passionnée, laissait néanmoins percer sa sympathie pour les idées de son alliée à l'égard de cette entreprise audacieuse, et les commandants en chef de terre et de mer, partageant les vues des deux gouvernements, d'accord avec l'opinion publique des deux pays et les aspirations de leurs armées, avaient unanimement voté en conseil l'expédition de Crimée et le siége de Sébastopol.

Pourtant, en présence de l'affaiblissement de l'effectif dans l'armée et dans la flotte produit par les ravages du choléra qui sévissait dans les camps, dans les ports, et rapporté d'une funeste expédition dans la Dobrutscha; en présence de la destruction presque complète des magasins d'approvisionnements emportés dans un incendie qui dévasta la septième partie de Varna, l'indécision s'é-

tait un instant glissée dans l'esprit des généraux et
des amiraux ; mais la pensée qu'inspirait la double nécessité d'ouvrir la campagne avant le retour d'une saison dont les rigueurs devaient augmenter les obstacles, et de prendre, en face d'un
ennemi qui pouvait nous croire frappés d'impuissance, une attitude agressive et digne de deux
grandes armées, avait promptement triomphé de
ces défaillances, et dans un dernier conseil l'expédition avait été irrévocablement résolue.

Aussitôt, de toutes parts, les ordres se multi-
plient. Tout est mis en œuvre pour assurer la
bonne direction des préparatifs nécessaires à cette
grande expédition : des reconnaissances minu-
tieuses et savantes sont poussées sur le littoral de
la Crimée à l'effet d'étudier le point le plus favorable au débarquement; les vaisseaux, ralliés de
tous les ports dans celui de Varna, déploient à
leur bord une activité incessante pour l'embarquement du matériel de siége et des troupes, et le 5
septembre, la flotte la plus puissante qui ait jamais traversé les mers, appareillant du port de
Baltchik, fait voile vers les rives de Crimée, et
jette soixante mille hommes sur la plage d'Old-
fort.

IV

Quatre jours après son débarquement, l'armée alliée se met en marche, se dirigeant vers le sud, la droite appuyée à la mer, sous la protection des canons de la flotte, et après avoir repoussé une attaque sans conséquence de quelques escadrons de cavalerie que le général en chef de l'armée russe, le prince de Menschikoff, envoyait en reconnaissance, dresse ses campements sur des hauteurs parrallèles aux positions qu'occupait l'armée ennemie sur la rive gauche de la petite rivière d'Alma, et distantes d'environ cinq kilomètres.

Le lendemain 20 septembre, une division française et une dision turque, ployées en colonne sous le commandement du général Bosquet, longent le littoral, soutenues par les batteries de la flotte; puis, franchissant des hauteurs que l'ennemi a jugées assez inaccessibles pour négliger de les défendre, tournent la gauche de l'armée russe et se maintiennent sur la position, malgré les efforts de quarante pièces d'artillerie que le prince Menschikoff, ne pouvant croire d'abord à cet acte de hardiesse inouïe, fait aussitôt diriger sur elles pour les précipiter des hauteurs; et, tandis que deux

divisions françaises, marchant en bataille par bataillons en colonne, couvertes par une ligne de tirailleurs, et suivies d'une division de réserve, sous
les ordres du général Canrobert et du prince Napoléon, chassent devant elles de nombreux tirailleurs et un régiment ennemis qu'écrase le feu de
notre artillerie, puis franchissent les berges profondes de la rivière d'Alma et escaladent les hauteurs
abruptes qui forment le centre de la ligne ennemie ; l'armée anglaise fait des prodiges de valeur
pour enlever les escarpements qui forment sa
droite, et que protègent de foudroyantes batteries
de position.

Bientôt, l'armée française tout entière couronne
le plateau, et l'armée ennemie, tournée par sa
gauche, enfoncée par son centre, dirige tous ses
efforts sur les Anglais, qui opposent à trois chocs
successifs la plus héroïque fermeté. Menacé d'être
enveloppé par les divisions du général Bosquet
qui se prolongent dans la plaine, l'ennemi est
forcé d'abandonner toutes ses positions, et, après
quatre heures d'un combat sanglant, les alliés
s'établissent dans les campements mêmes de l'armée russe en fuite, et démoralisée par cette défaite que, dans son orgueilleuse confiance, elle
avait trop compté nous faire subir.

V

L'armée passa trois jours sur le champ de bataille de l'Alma, évacuant ses blessés, ensevelissant ses morts, renouvelant ses munitions et ses vivres; puis elle reprit sa marche dans le sud, se liant toujours à la flotte en côtoyant la mer, et vint établir ses bivouacs sur les hauteurs boisées qui s'élèvent au-delà et sur le bord de la Katcha.

Ce fut pendant cette journée de marche que les Russes prirent la résolution désespérée de couler cinq vaisseaux et deux frégates à l'entrée de la rade de Sébastopol, afin d'en fermer l'accès aux flottes combinées, et pour accroître encore les difficultés d'une attaque par mer, ils avaient élevé de nouveaux ouvrages extérieurs autour du fort Constantin, et accumulé de nombreux obstacles à l'embouchure du Belbeck. Dès lors, le projet d'attaque par le nord, dont le succès dépendait surtout du concours de la flotte, réduite à l'impuissance, devait être abandonné, et il fut résolu que l'armée alliée, profitant de la démoralisation de l'ennemi, tournerait Sébastopol par une marche de flanc hardie et rapide. pour aller s'établir sur la presqu'île de Kersonèse, et assiéger la ville par

le sud. En conséquence de ces nouvelles dispositions, l'armée, cessant de côtoyer la mer, exécute
une marche oblique pour se jeter sur la gauche,
et après avoir franchi la profonde et riante vallée
du Belbeck, commence un mouvement tournant·à
la fois audacieux et téméraire, à travers d'épais
taillis qui rendent sa marche aussi lente que péni-
ble et difficile, et sous les murs d'une place forte
d'où peut surgir une armée, venant soudain tomber sur son flanc pour l'écraser.

Pendant que s'exécutait ce mouvement, l'armée
anglaise qui marchait en tête de colonne, en débouchant des forêts dans la plaine de Mackensie,
tombe tout-à-coup sur les derrières d'une division
russe sortant de Sébastopol. Aussitôt, lord Raglan fait avancer sa cavalerie et charger l'ennemi
qui, sans opposer de résistance, se met immédia-
tement en retraite sur Batchi-Seraï, laissant sur le
terrain bon nombre de morts et de blessés, des
munitions et des bagages.

Le lendemain 26 septembre, les troupes anglaises s'emparaient du port de Balaclava défendu par
un petit nombre d'hommes qui n'opposèrent d'autre résistance que celles de quelques boulets lancés sur les têtes de colonne du haut d'un vieux

fort à demi ruiné, et la flotte française prenait possession des baies de Kamiesch et de Kazatch.

Ce même jour, le maréchal Leroy de Saint-Arnaud, dont la santé, à jamais ruinée, faisait pressentir la fin prochaine, remit le commandement en chef de l'armée française au général Canrobert.

L'armée alliée est enfin réunie tout entière sur le plateau de Kersonèse, et déjà quelques reconnaissances, exécutées à l'effet d'étudier les défenses de la place et la configuration topographique du plateau, ont déterminé les positions définitives que doivent prendre les divers corps d'armée, en vue des opérations du siége et de la surveillance à observer à l'égard des mouvements d'une armée extérieure qui volerait au secours de la ville assiégée.

VI

Sur la côte occidentale de la Crimée, près du point où le cap Kersonèse se détache de la péninsule pour s'élancer dans la mer, un petit golfe, d'une largeur et d'une étendue imposantes, a creusé son lit au milieu des terres, jetant sur la droite quatre anses belles et spacieuses à travers

l'ouverture de profonds ravins. L'ensemble de ces
différents bras de mer forme un bassin immense
et grandiose d'un abord facile, libre de tout
écueil, et bien abrité contre la violence des vents
et les redoutables tempêtes de la mer Noire : c'est
le port de Sébastopol. Le corps principal de ce
bassin, s'allongeant de l'ouest à l'est sur une étendue d'environ deux lieues, forme la gande rade,
et les anses qu'il détache forment la baie de la
Quarantaine, la baie de l'Artillerie, le port militaire ou du Sud, et la baie du Carénage. De tous
côtés, de puissantes et redoutables fortifications
s'élèvent pour interdire l'accès de ce beau port qui
recèle dans son sein les plus vastes approvisionnements maritimes de la Russie : à l'entrée de la
rade, deux puissants ouvrages : le fort Constantin,
qui s'élève à l'extrémité de la pointe septentrionale, et le fort Alexandre, qui se dresse en face de
lui sur la rive opposée, veillent, comme deux sentinelles avancées, sur la passe des ports, menaçant de foudroyer de leurs trois étages de feux les
flancs des navires assez audacieux pour tenter de
forcer ce passage. Plus loin, les forts Paul et Nicolas, également armés de trois étages de batteries,
protègent l'entrée du port militaire, et confon-

dent leurs feux avec ceux du fort du Nord qui
commande la rade, et avec ceux des redoutes, for-
tins et batteries rasantes qui hérissent la rive opposée; enfin, une escadre de vaisseaux de haut
bord, réfugiée dans la rade, présente à la passe le
flanc de ses navires chargés de canons, et, mêlant
le feu de ses batteries à celui des forts Constantin
et Alexandre, complète l'ensemble d'un quadri-
latère de feux écrasants qu'aucune puissance humaine ne saurait éteindre.

C'est au milieu de ce formidable appareil de défenses, entre la baie de la Quarantaine et celle du
Carénage, que, du sommet d'une colline escarpée
sur le penchant de laquelle elle s'incline en am-
phithéâtre, Sébastopol domine ses ports superbes,
étalant aux regards le dôme doré de sa cathédrale,
l'architecture élégante de ses édifices et les toits
verts de ses grands bâtiments. Le port militaire
la divise en deux parties inégales qu'un pont de
bateaux relie l'une à l'autre : sur la côte occidentale, s'allonge parallèlement au port la ville proprement dite, et sur la côte opposée s'élève le
faubourg de Karabelnaïa. A voir ses casernes,
ses docks, ses parcs d'artillerie, ses magasins de
munitions, ses ateliers et chantiers de construc-

tions, on reconnaît que la pensée inspiratrice de sa
fondation avait plutôt en vue l'établissement d'un
vaste arsenal que l'érection d'une cité maritime.
Aussi, ses défenses extérieures avaient-elles été
négligées pour tourner exclusivement toute la
puissance de ses remparts vers la mer. Le sud et
le sud-est, qui regardent le plateau de Kersonèse,
n'étaient qu'imparfaitement couverts : sa partie
occidentale était simplement enveloppée d'une
muraille crénelée, flanquée d'une tour maximilienne, qu'un retranchement en terre, prolongé
jusqu'au port, reliait à un bastion également en
terre, dit bastion du Mât; sa partie orientale,
entièrement ouverte, n'était protégée que par
quelques retranchements non continus et par une
seconde tour maximilienne, dite tour Malakoff,
élevée sur le sommet d'un monticule, et entourée
d'un petit ouvrage en terre. Néanmoins, la nature
des terrains qui avoisinaient Sébastopol, hérissés
de mamelons, creusés de ravins profonds, n'était
pas sans créer elle-même de sérieux obstacles, et
à l'apparition inattendue des armées alliées sur ce
côté vulnérable, sa garnison de 25 à 30 mille
hommes, active, laborieuse, infatigable, sous l'habile et intelligente direction du capitaine Totle-

ben, que son génie devait en une année élever au
grade de général, avait aussitôt fait surgir des
remparts que la puissance d'une artillerie inépui-
sable et sans cesse renouvelée devait bientôt rendre inexpugnables.

Le plateau de Kersonèse, sur lequel l'armée alliée venait s'établir, est borné au nord par la
grande rade de Sébastopol ; à l'est, par des hauteurs abruptes qui tombent presque à pic dans la
vallée de la Tchernaïa, petite rivière débouchant au fond de la rade, et qui s'abaissent en pentes rapides dans la vallée à l'extrémité de laquelle
s'élève la ville de Balaclava ; enfin, à l'ouest et
au sud, par les eaux de la mer Noire qui viennent,
ici, se briser contre de hautes et redoutables fa-
laises, et là, s'épandre dans les basses terres du
promontoire qui porte son nom. Ce plateau peut
être divisé en deux parties distinctes, séparées
par le grand ravin du port du Sud, connu sous le
nom de ravin des Anglais, parties qui se subdivi-
sent elles-mêmes en plusieurs plateaux. La partie
ouest est formée de trois contreforts, séparés par
le ravin dit des Carrières ou aux Boulets, qui a
son embouchure dans la baie de la Quarantaine,
et par celui qui va se perdant dans la baie de

Strelitzka; la partie est, comprise entre le ravin des Anglais, la rade, les deux vallées de la Tchernaïa et de Balaclava, se subdivise en quatre autres contreforts que renferment les ravins de Woronzoff, de Karabelnaïa et du Carénage.

VII

Conformément aux conventions arrêtées, l'armée française avait été chargée de l'attaque de gauche, et l'armée anglaise de l'attaque de droite, séparées entre elles par le grand ravin du port du Sud ou des Anglais. En conséquence, la 3ᵉ et la 4ᵉ division de l'armée française, formant le corps de siége, sous le commandement du général Forcy, avaient pris position entre les baies de Kamiesch et de Strelitzka, faisant face à la place; l'armée anglaise, partie corps de siége, partie corps d'observation, s'était entièrement concentrée sur les différents plateaux qui s'élèvent à l'est du grand ravin du port militaire, ayant sa gauche appuyée à ce ravin, et sa droite aux escarpements d'Inkermann. La première et la deuxième division de l'armée française, de concert avec la division turque, sous le commandement du général Bosquet, devant former le corps d'observation, s'étaient établies sur les crêtes nord-est du plateau, faisant face à la fois à la vallée de Balaclava et à celle de Tchernaïa, s'appuyant de ce côté à la droite de l'armée anglaise.

C'est sur le plateau bordé d'un côté par le ravin des Carrières, et de l'autre par le ravin des Anglais, et dont le niveau s'élevait à peu près à hauteur des retranchements ennemis, que l'armée française devait ouvrir ses travaux dirigés sur la capitale du bastion du Mât, tandis que l'armée anglaise conduisait les siens sur la tour Malakoff, à travers les plateaux que séparent les ravins de Woronzoff, de Karabelnaïa et du Carénage.

VIII

La nuit du 9 octobre avait été fixée pour l'ouverture des tranchées. La première parallèle est tracée à 800 mètres de la place, et les travaux sont poussés partout avec activité. L'ensemble de nos retranchements doit affecter la forme d'un front bastionné, armé de cinq batteries auxquelles doit bientôt se joindre une sixième batterie que l'on élève à la gauche de notre attaque, sur l'emplacement d'un ancien fort génois, et que la marine doit armer et servir.

En quelques jours, tout est préparé à l'attaque française et à l'attaque anglaise pour ouvrir le feu contre la place, et le 17 au matin, toutes les batteries sont démasquées, trois bombes donnent le signal, et 126 bouches à feu tonnent à la fois contre la place, qui répond avec énergie. Un instant son feu semble s'affaiblir : le bastion du Mât a cruellement souffert, et en arrière du bastion central, l'aspect d'une grande caserne que les projectiles ont ruinée, atteste les ravages produits par la violence de notre feu; mais bientôt, ses batteries renouvelées reprennent leur tir avec une vigueur nouvelle, et l'explosion d'un magasin à poudre, déterminée par l'éclat d'une bombe dans l'intérieur d'une de nos batteries, vient jeter le désordre et la confusion dans notre attaque. Le feu de la place redouble aussitôt d'intensité, et sa furie déchaînée finit par réduire nos batteries au silence. Cependant, les Anglais, armés de canons d'un plus fort calibre, ont ouvert de larges brèches dans la tour Malakoff, dont ils ont démonté les pièces; mais nos moyens d'attaque paraissant insuffisants pour répondre victorieusement au feu de l'ennemi, l'ordre est partout donné de suspendre le tir.

Pendant que l'armée de terre attaquait les retranchements extérieurs, la flotte devait prêter le concours actif de ses batteries en attaquant les forts du sud et du nord de la rade, et ouvrir son feu simultanément; mais retardée par le calme plat qui régnait sur la mer, elle ne put se rallier assez promptement, et ne vint prendre ses positions que vers le milieu du jour, alors que le feu de nos batteries avait cessé de gronder. Toutefois, chaque vaisseau vient jeter l'ancre à son poste de combat, et vomit le feu de ses canons sur le fort qu'il a mission de battre en brèche : le feu des batteries ennemies se ralentit ; celui de la Quarantaine est éteint ; pendant cinq heures, le bombardement se poursuit avec fureur, mais les efforts de la flotte restant stériles devant l'impuissance des batteries de terre, les bâtiments rejoignent leur mouillage vers le soir.

IX

Après l'insuccès de cette première tentative, le jour s'était fait sur les moyens immenses dont l'ennemi disposait, et ceux qu'il tenait encore en réserve ne nous laissaient plus l'espoir de triompher promptement de sa résistance. En conséquence, après avoir réparé dans nos travaux le

dommage causé par ses projectiles, on s'occupa
activement d'augmenter le nombre de nos batteries, et de développer nos tranchées. Cependant,
le 19, le feu, que les Anglais n'avaient pas inter-
rompu, recommence à notre attaque ; mais bien
que le bastion central et le bastion du Mât en eussent beaucoup souffert, et que les incendies allumés dans la ville eussent causé de grands ravages,
l'énergique résistance de l'assiégé nous réduisit
au silence.

Pourtant, malgré ces échecs répétés, nous ne
restions pas inactifs : une nouvelle division était
venue grossir notre effectif; deux compagnies de
francs-tireurs avaient été créées à l'effet d'inquiéter le tir des canonniers ennemis, et cette insti-
tution répondait pleinement au but que l'on s'é-
tait proposé : parfois, l'on voyait l'assiégé, trop
tourmenté par ce feu de mousqueterie agaçant,
faire pleuvoir avec rage toute sa mitraille sur les
embuscades que ces tirailleurs s'étaient creusées
en avant de la parallèle.

De son côté, l'ennemi, dont les batteries sans
cesse dégradées sont sans cesse redressées, établit sur tous les points, avec une activité infatigable, de nouveaux ouvrages de défense; partout

où nous élevons des travaux, il oppose un nouvel obstacle. Pensant probablement que nos travaux de siége étaient trop éloignés de la place
pour être l'objet d'une agression utile, ils n'a-
vaient encore jusque-là opéré contre eux aucune
tentative; mais dans la nuit obscure du 20 octobre, un détachement de volontaires, énergiquement conduit, se précipite inopinément sur nos
travaux d'approche, et pénétrant dans deux de
nos batteries, parvient à enclouer sept pièces. Les
artilleurs qui les servaient, un instant démoralisés
par cette attaque subite, reprennent promptement
l'offensive sous l'impulsion de leurs officiers, et
soutenus par une compagnie de voltigeurs et une
section de chasseurs à pied, ils repoussent l'assaillant, qui nous laisse quelques morts et blessés, au
nombre desquels on comptait un de leurs vaillants officiers.

Nos cheminements nous avaient conduits sur le
tracé de la deuxième parallèle, qui fut ouverte
dans la nuit du 21 octobre, sans que le travail fût
un moment inquiété par l'assiégé. A droite, elle
allait s'appuyer au ravin des Anglais, et se reliait,
à gauche, aux ouvrages du front bastionné qui,
avant la journée du 17 octobre, avaient constitué

notre première attaque. Dès lors, par suite du
grand développement donné à nos travaux, il devint nécessaire de les diviser en deux sections qui
formèrent une attaque de droite et une attaque de
gauche.

X

Cependant, l'armée russe, dispersée après la
bataille de l'Alma, s'était reformée et grossie de
nombreux renforts. Concentrée au-delà de la
Tchernaïa sur les hauteurs de Mackensie, elle
n'avait encore fait aucune démonstration agressive, si ce n'est l'apparition momentanée, sur les
collines de Balaclava, et quelques reconnaissances
qui se retirèrent aussitôt devant les coups de canon tirés de redoutes occupées par les Turcs;
mais dans ces derniers jours, les mouvements ex-
traordinaires qu'on avait vus se produire dans ses
lignes, comme les alertes de tout instant qui en
étaient la conséquence, semblaient indiquer sa
résolution bien arrêtée de marcher contre nous.

En effet, le 25 octobre au matin, à l'heure où
l'aube commençait à naître, les Russes, sous les
ordres du général Liprandi, débouchant du village de Tchorgoun sur deux colonnes, s'avancent

l'attaque de quatre redoutes construites à la
âte sur les collines qui séparent la vallée de la
chernaïa de celle de Balaclava. Cédant au nom-
re, les Turcs qui les défendaient, après avoir ho-
orablement résisté, les abandonnent à l'ennemi,
ͻ repliant sur un régiment d'highlanders qui se
éploie sur le versant opposé des hauteurs, et
ue la cavalerie russe, qu'il a déjà deux fois re-
ͻoussée, menace encore d'enfoncer. Aussitôt, les
scadrons anglais volent à son secours, et après
ɪ1c charge dont le choc est aussi terrible que dé-
ɪs:f, repoussent les cavaliers ennemis, qui entraî-
ent dans leur fuite l'infanterie déjà établie dans
s redoutes, et qui tente d'emporter avec elle les
anons dont elles sont armées. Voulant s'opposer
ce dessein, lord Raglan prescrit de faire avancer
ι cavalerie que commande le général Lucan, qui,
ͻit fausse interprétation des intentions de son
hef, soit obéissance aveugle aux instructions don-
ées, ordonne une charge sur les lignes ennemies,
travers un terrain labouré par les feux croisés
e l'infanterie et des batteries placées d'une part,
ίans les redoutes turques, et de l'autre, sur les
ͻollines boisées qui leur font face. Aussitôt les es-
ɪadrons s'ébranlent, et au milieu d'un tourbillon

de poussière, franchissent tous les obstacles à travers la mitraille, le fer, la fumée, pour atteindre
les régiments ennemis qu'ils rompent, refoulent,
massacrent, écrasent sous le poids de leurs montu-
res ; mais bientôt, les rangs qu'ils ont traversés se
referment sur eux. Pris en flanc par la cavalerie,
à revers par l'infanterie, ils repassent encore à
travers les bataillons ennemis. Mais tant d'héroïsme n'était que puéril, et la folle et intempestive
témérité de cette charge brillante ne produisit
d'autre effet que celui de faire tuer sans nécessité
la moitié d'une belle brigade de cavalerie anglaise, et elle eût certainement causé sa destruction complète, si quatre escadrons de chasseurs
d'Afrique, conduits par le général d'Allonville,
n'eussent protégé sa retraite, en chargeant les batteries russes qui devaient infailliblement l'écraser
dans son retour.

Dès le premier engagement, l'infanterie et l'artillerie françaises, précédées déjà des chasseurs
d'Afrique, étaient accourues sur le lieu du combat, prenant position à la gauche de l'armée anglaise ; mais leur concours fut inutile, le général
Liprandi s'étant reporté en arrière sur les hauteurs
qui forment la vallée du côté de la Tchernaïa.

A la suite du combat de Balaclava, les redoutes
urques, dont la possession était plus nuisible
u'utile à notre défense par suite de la grande
tendue de terrain que nous devions garder, furent
bandonnées, ainsi que les positions qu'elles pro-
geaient, et les troupes anglaises, auxquelles on
djoignit une brigade française, s'établirent sur
es hauteurs qui couvrent le défilé de Balaclava,
yant soin de se fortifier dans cette nouvelle posi-
on qui offrait en outre l'avantage de les relier de
lus près au corps d'observation placé sous le
ommandement du général Bosquet.

XI

A l'extrémité du plateau d'Inkermann, les An-
lais ayant négligé d'élever des ouvrages de dé-
ense, avaient ainsi laissé leur flanc gauche à dé-
ouvert et exposé aux coups de l'ennemi. Pensant
u'une attaque sur ce point avait quelque chance
le réussir, les Russes, formés en colonnes profon-
les protégées par une nuée de tirailleurs, mas-
quant leurs manœuvres derrière les plis de ter-
ain qui sillonnent le fond de la vallée, sortent de
Sébastopol dans la matinée du 26, et apparaissant
out-à-coup sur les hauteurs, menacent la gauche

d'une division anglaise. Malgré la surprise causée
par la soudaineté de l'attaque, celle-ci, grâce à
l'attitude énergique de deux régiments d'avant-
postes qui ont déjà arrêté la marche des colonnes
assaillantes, se range en bataille avec calme, et
par sa belle contenance, donne le temps aux corps
d'infanterie et d'artillerie anglaises de venir prendre position sur sa gauche. Après un court, mais
sanglant combat, les Russes, accablés par le feu
de la mousqueterie et par celui de trois batteries
de position, sont rejetés en désordre et poursuivis
dans la vallée, après avoir fait des pertes considé-
bles.

Ici, comme au combat de Balaclava, les troupes françaises s'étaient portées, au premier reten-
tissement du canon, au secours de leurs alliés;
mais la belle défense de ces derniers avait rendu
leur présence inutile, et avait suffi seule pour déterminer la déroute de l'ennemi.

Cependant, les travaux étaient poussés avec vigueur et énergie aux attaques françaises, et le feu,
qui ne s'était plus ralenti, avait causé de tels dommages au bastion du Mât, que les assiégés l'a-
vaient comme abandonné pour construire sur d'autres points des ouvrages moins exposés à nos

coups. Par cinq cheminements différents, nous étions arrivés à 140 mètres du saillant, et dans la nuit du 1er au 2 novembre, nous avions notre troisième parallèle à cette distance, en dépit de tous les obstacles résultant de la nature même du sol, et de tous les moyens de destruction employés par les assiégés pour arrêter le cours de ces travaux. De leur côté, les Anglais cheminaient lentement, il est vrai, vers la tour Malakoff et le grand Redan, sur les deux plateaux que sépare le ravin de Karabelnaïa. Enfin, partout nos travaux paraissaient suffisamment avancés pour que nous pussions tenter l'assaut général avec chance de succès. En conséquence, le 6 novembre fut le jour fixé pour cette action décisive et désirée de tous. Alors, le feu redouble d'intensité, nuit et jour, pour empêcher l'ennemi de relever ses batteries, en même temps que le terrain est reconnu, et que tout est préparé dans les tranchées pour recevoir les colonnes d'assaut, comme pour faciliter leurs moyens d'attaque.

XII

Mais, pendant que nous nous disposions ainsi à porter le dernier coup à la ville assiégée, l'armée

de secours, qui avait reçu des renforts considérables, et qu'étaient venus animer de leur présence
les grands-ducs Michel et Nicolas, se préparait de
son côté à nous attaquer dans nos lignes. Déjà son
plan d'attaque est arrêté, et, tandis que les troupes de la garnison doivent se jeter sur nos tranchées et détruire nos batteries, deux corps d'armée, agissant l'un sur Inkermann, l'autre sur Balaclava, doivent couper nos communications, et
nous obliger ainsi à abandonner les opérations du
siége.

A cet effet, dans la nuit orageuse du 4 au 5 novembre, un corps d'armée russe formé en deux colonnes, protégé par d'épaisses ténèbres et par les
mugissements d'un vent qui empêche le bruit
de ses mouvements d'arriver jusqu'aux avant-
postes, prend ses dispositions d'attaque, et au lever de l'aurore, à l'heure où les troupes anglaises
sont encore endormies, fait soudainement irrup-
tion sur ces mêmes hauteurs d'Inkermann que nos
alliés ont négligé de défendre, apparaissant sur
trois points à la fois, tandis qu'un second corps
d'armée se déployait dans la plaine de Balaclava.
Les Anglais, surpris sous leurs tentes, s'élancent
pêle-mêle, à demi vêtus, et forment leurs batail-

lons à la hâte, ceux-ci sur le front de la position, ceux-là sur les crêtes en retour, pour arrêter l'envahissement toujours croissant de l'ennemi qui les enveloppe de toutes parts ; mais, malgré l'héroïsme qu'ils déploient, les masses sans cesse renaissantes des colonnes russes, tour à tour repoussantes et repoussées, les écrasent et les débordent.

Aux premiers coups de feu, le général Bosquet fait prendre les armes à ses divisions, les établit dans les lignes de circonvallation qui font face à la vallée de la Tchernaïa, fait mettre ses pièces en batteries en avant du télégraphe, pour tenir tête à l'ennemi qui fait vers ce point une démonstration secondaire, puis ils envoie le général Bourbaki, avec deux bataillons et deux batteries d'artillerie, soutenir la droite des Anglais, qui, depuis près de deux heures, luttent en désespérés autour d'une redoute non armée que l'ennemi va envahir. Le général Bourbaki lance aussitôt ses troupes, et dirige ses pièces sur le flanc gauche des Russes qui, un instant repoussés, reviennent à la charge et déciment nos bataillons, qu'ils vont déborder par la droite. Le général Bosquet amène de nouvelles troupes sur le champ du combat, et fait avancer ses colonnes pour reprendre les positions conqui-

2,

ses par l'ennemi, qui résiste, malgré le feu de 22
pièces d'artillerie dirigées sur lui pour appuyer le
mouvement de l'infanterie. Le reste de la 2ᵉ division accourt, amené par le général en chef Canrobert, qui, jugeant que l'attaque sur Balaclava n'est
pas sérieuse, croit pouvoir sans danger dégarnir
notre droite. Deux bataillons de zouaves arrivent
également au pas de course, et couvrent le passage qui était resté découvert entre la droite des
Anglais et notre gauche, au moment où les Russes,
cherchant à pénétrer par cette ouverture, allaient
nous couper : dès ce moment, notre ligne de bataille est continue, et, tandis que, sur la gauche,
notre artillerie, réunie à celle de nos alliés, écrase
les masses ennemies qui apparaissent sur les crêtes, nos bataillons, que le général Bosquet conduit
lui-même, se précipitent à la baïonnette sur celles qui disputent la redoute aux gardes anglaises
mutilées, et reprennent possession des abords du
plateau. Mais les Russes tiennent toujours à la redoute, et y concentrent leurs derniers efforts. La
troisième division est arrivée à son tour, et pendant que sa deuxième brigade se dirige sur Inkermann, la première se masse en face de la redoute,
derrière une batterie anglaise, prête à s'élancer

sur l'ennemi. Alors, confondues dans un même élan, toutes les forces réunies se jettent avec furie sur la redoute, où combattent toujours, sans lâcher prise, les valeureux débris des gardes anglaises, et les Russes, écrasés, culbutés par ce choc irrésistible, sont précipités du haut de l'escarpement des carrières au fond de la vallée, où vont s'amonceler des milliers de cadavres sanglants.

Pour exprimer l'horreur de cette dernière scène de carnage, nos soldats avaient donné à ce lieu le surnom de l'*Abattoir*.

La bataille d'Inkermann avait duré sept heures. Les alliés avaient fait des pertes nombreuses et cruelles, et les Anglais avaient eu à déplorer la mort de trois de leurs meilleurs généraux ; mais quelque considérables et douloureuses qu'elles aient été, celles de l'armée ennemie l'avaient été plus encore, et notre victoire exerça sur son moral un ascendant qui nous préserva de toute nouvelle tentative jusque vers la fin du siége.

Vers neuf heures du matin, au moment où le feu éclatait dans toute sa fureur, le général Timofeïeff, à la tête de cinq mille hommes, soutenus par une batterie d'artillerie, sortant silencieusement de la

place, et, à la faveur d'un épais brouillard, dissi=
mulant son approche derrière les mouvements de
terrain du ravin de la Quarantaine, se précipite
tout-à-coup sur nos retranchements, puis, forçant
à la retraite deux régiments de garde de tranchées, pénètre dans deux batteries et encloue quel-
ques-unes de nos pièces. Aussitôt, le général de la
Motterouge, ralliant à lui quatre compagnies du
19e bataillon de chasseurs, et un bataillon en réserve, se porte à l'aide des deux régiments repoussés, et oblige l'ennemi à abandonner nos batteries,
le poursuivant dans sa retraite; mais celui-ci, ren-
forcé de deux nouveaux bataillons et d'une autre
batterie, reprenait déjà l'offensive, lorsque le général de Lourmel, à la tête de sa brigade, franchit
au pas de course les pentes du ravin des Carrières
et se jette impétueusement sur lui, malgré le feu
meurtrier qui décime ses bataillons, tandis que le
général d'Aurelle, avec sa brigade, appuyant à
gauche vers la mer, sous le feu des batteries de la
place, le menace sur ses derrières. Craignant d'ê-
tre enveloppée, la colonne russe se met en retraite, poursuivie jusque sous les murs de la ville
par la brigade du général de Lourmel, lequel
tombe mortellement frappé d'une balle en pleine

poitrine. Le général Forey, voyant cette brigade
s'avancer témérairement, et s'exposer sans but à
la mitraille des remparts ennemis, lui fait donner
l'ordre de la retraite, pendant laquelle elle eut à
subir des pertes sensibles, mais amoindries pourtant par les bonnes dispositions qu'avait prises le
général d'Aurelle sur la gauche de notre ligne de
bataille.

XIII

Après cette sanglante journée, l'assaut projeté
pour le lendemain n'était plus possible : les pertes
nombreuses que nous avions éprouvées avaient
amoindri l'effectif des deux armées au point qu'elles ne pouvaient plus sans danger tenter une opération aussi grave, et dont le premier inconvé-
nient était de distraire du corps d'observation des
troupes déjà insuffisantes pour garder l'immense
développement de notre ligne de circonvallation,
en face d'un ennemi puissant et résolu qui pouvait
profiter de notre imprudence pour se jeter sur notre flanc. En conséquence, le conseil assemblé
avait décidé à l'unanimité que l'assaut serait
ajourné jusqu'à l'arrivée des nouveaux renforts
demandés, et que, en attendant, on s'occuperait

activement de pousser les travaux du siége, comme ceux qu'il devenait indispensable d'entrepren-
dre pour fortifier par de solides ouvrages les parties vulnérables de notre ligne de défense extérieure.

Une nouvelle impulsion fut donc imprimée aux
travaux de notre troisième parallèle, malgré le
feu incessant de l'assiégé qui, de son côté, s'enveloppe de nouvelles batteries, et qui, sans cesse
inquiété par le tir bien dirigé de nos francs-tireurs, a créé, à notre imitation, des corps de volontaires entreprenants et habiles pour harceler
nos travailleurs et nos canonniers.

XIV

Souvent la nuit, les assiégés, redoutant un assaut, couvrent le terrain qui nous sépare du feu
de toute leur artillerie; et durant celle du 13 au
14 novembre, saisis sans doute d'une de ces ter-
reurs paniques dont ils avaient été pris quelque-
fois dans le cours du siége, on entend soudain retentir dans nos camps les échos d'une canonnade
furieuse qui, paraissant être le précurseur d'une
attaque de l'armée extérieure, fait courir aux armes toutes les divisions; mais le jour, en venant

éclairer notre incertitude, apporte avec lui un
effroyable ouragan qui répand partout la ruine,
la désolation et l'épouvante. Sur les plateaux comme
dans les vallées, les camps sont dévastés, les tentes sont emportées, les maisons renvresées, les
arbres déracinés, et les baraques de nos ambulan-
ces, en s'effondrant avec fracas sur les mourants
et les blessés dont elles regorgent, les laissent exposés, sans abri, à la violence d'une pluie torren-
tielle et d'un vent destructeur. Nos tranchées
inondées sont devenues le lit de ruisseaux profonds ou rapides, dans lesquels nos gardes et nos
travailleurs disparaissent à demi; les parapets,
détrempés par l'orage, se délayent en boue li-
quide; les épaulements de nos batteries, écrêtés
par le vent, effondrés par la pluie, ne préservent
plus nos canonniers contre le feu de la place, dont
la violence redoublant, se confond avec celle des
éléments en furie.

En mer surtout, la tempête est horrible : nos
bâtiments, chassés par le vent, vont se briser l'un
contre l'autre ou sur les rochers, et s'abîment dans
les flots, tandis qu'au loin, les navires en détresse
font retentir leur cri d'alarme par la voix impéra-
tive du canon. Dans la baie d'Eupatoria, deux

vaisseaux français, le *Henri IV* et le *Pluton*, sont
jetés à la côte, l'arrière séparé de l'avant; dans
celle de Balaclava, des milliers d'épaves de bâtiments de transports, bondissant sur la cime des
vagues écumantes, n'attestent que trop les ravages dont nos alliés sont aussi les victimes : ce
n'est partout que ruine, sinistre et confusion!

Heureusement, vers le soir, la tourmente fati-
guée cesse ses fureurs, et le calme renaît dans les
camps comme sur la mer; mais pour ne pas exposer notre flotte au désastre qu'amènerait inévita-
blement le retour de semblables tempêtes, les navires à voile quittent la côte de Crimée pour aller
chercher un refuge dans les ports de la Turquie,
et les vapeurs seuls restent pour protéger nos
transports contre les attaques de ces escadres que
retenaient captives, dans le port de Sébastopol, la
vigilance et la supériorité de nos marins.

XV

L'activité des Russes ne se ralentissait pas un
instant. Chaque jour, nous avions à constater l'é-
rection de nouveaux ouvrages défensifs tant à l'intérieur qu'à l'extérieur de la place, et s'accroître
ainsi les difficultés de notre marche souterraine.

S'étant aperçus que le tir de leurs volontaires apportait quelque trouble dans nos travaux, ils avaient creusé en avant des lignes anglaises de profondes excavations où s'établissaient ces tirailleurs, qui, prenant d'enfilade la droite de nos ouvrages, importunaient sans cesse nos cheminements. Il était donc urgent de s'emparer de ces embuscades, et, à cet effet, dans la soirée du 21 novembre, un détachement de riflemen, conduit par un officier énergique, à la faveur de l'obscurité profonde, sort sans bruit des tranchées anglaises, et se jette à l'improviste sur ces positions, d'où, après un court mais vigoureux combat, il chasse les défenseurs. Au bruit causé par la lutte, les assiégés couvrent le terrain de mitraille, et envoient une forte colonne pour tenter de reprendre les ouvrages envahis; mais trois fois revenant à la charge, et trois fois repoussée par nos alliés, elle est contrainte de rentrer dans la place en nous laissant maîtres des embuscades.

Des transports, arrivant chaque jour, débarquaient sur la plage de nouveaux renforts; mais les pluies qui, dans cette saison avancée, tombaient incessamment, en nous obligeant à réparer les dommages qu'elles nous occasionnaient, contri-

buaient aussi à ralentir la poursuite de nos travaux. Pourtant, le nombre de nos batteries s'était
fortement accru, et depuis le ravin des Anglais
jusqu'au bastion de la Quarantaine, il n'existait
plus un point qui ne fût battu par notre artillerie;
mais les embrasures resteront bouchées jusqu'au
jour où leurs pièces devront battre en brèche les
bastions, pour ouvrir un passage aux colonnes
d'assaut.

XVI

L'assiégé, que le voisinage de nos approches in-
quiète et importune, profite de l'obscurité des
nuits pour multiplier ses sorties.

Le 2 décembre, vers minuit, un détachement de
la garnison, forçant nos embuscades, pénètre dans
un de nos boyaux de communication ; mais après
un vif combat, il est repoussé par nos gardes de
tranchées, en laissant sur le terrain l'officier qui
le commandait.

Dans la nuit du 5 au 6, deux bataillons sortent
encore de la ville, et, à la faveur de l'obscurité qui
enveloppe la terre, se jettent sur la troisième parallèle. Accueillis avec la même énergie par un
bataillon du même régiment, leur tentative vint

encore échouer contre nos baïonnettes, et ils rentrent dans la place, après n'avoir soutenu qu'un très court combat.

Le 11, au milieu d'une nuit non moins obscure, un détachement, soutenu par deux pièces de montagne, sort du bastion du Mât, et après avoir dépassé les premiers ouvrages, se divise en deux colonnes qui doivent attaquer la droite et la gauche de la troisième parallèle, tandis qu'un bataillon, après avoir laissé l'action s'engager sur ces deux points, doit l'attaquer de front. Un instant surpris par cette attaque bien conduite, nos gardes de tranchées, en partie composés de jeunes recrues non exercées à ce genre de combats, se replient et laissent l'ennemi s'emparer de trois mortiers turcs ; mais bientôt, à la voix d'un brave officier, et soutenus par les travailleurs, ils se jettent sur l'assaillant, qu'ils poursuivent à la baïonnette et qu'ils repoussent dans la place.

Dans la nuit du 20 au 21, les Anglais, dont les approches, moins avancés, sont moins inquiétés, sont inopinément assaillis à leur tour ; mais la ferme contenance qu'ils opposent à l'ennemi l'oblige à la retraite, après avoir, pendant près d'une heure, essuyé sa vive fusillade. Toutefois, cher-

chant sur toute la ligne un point vulnérable qu'il
puisse entamer, l'assaillant se rejette sur notre attaque, et vient se précipiter sur un ouvrage encore en cours d'exécution que, par similitude
avec cette lettre, on avait nommé le T; il s'avance, trompé par le silence qui l'environne, mais
attendu avec sang-froid par un bataillon immobile, qui le laisse approcher jusque sur ses baïonnettes; il est accueilli à bout portant par une vi-
goureuse fusillade qui le met en fuite, et lui fait
éprouver des pertes sensibles.

XVII

Tout était préparé aux attaques françaises pour
un assaut que chacun appelait de ses vœux les
plus ardents; mais du côté de l'attaque anglaise,
les travaux avaient marché avec une telle lenteur, que nos alliés étaient encore bien éloignés
du but qu'ils s'étaient proposé. Décimés par les
maladies qu'engendraient les privations de toute
nature forcément imposées par les pertes qu'ils
avaient faites dans la désastreuse journée du 14
novembre; affaiblis, d'autre part, par les sanglants combats qu'ils avaient dû soutenir, ils n'a-
vaient pu, malgré tout leur zèle, nous suivre dans

le rapide développement des travaux. Nous étions donc réduits à une inaction forcée, en attendant qu'ils fussent préparés, car tenter une attaque sans nos alliés, dont la coopération avait pour but principal de nous protéger sur un point de la ligne de défense qui nous prenait d'enfilade, était nous exposer à un échec certain dont les conséquences pouvaient être fatales. Aussi, avait-il été proposé au général en chef de l'armée anglaise de laisser conduire par des troupes françaises une partie des travaux dont son armée était chargée; mais, soit amour-propre, soit fierté, aucune réponse n'avait été faite encore à cette ouverture.

En attendant, nous prolongions nos cheminements à la gauche de notre attaque, vers le fond de la baie de la Quarantaine, et pour nous instruire sur les entreprises de l'ennemi, dont les défenses avaient pris un tel accroissement qu'une menace permanente semblait suspendue sur nos têtes, le général en chef Canrobert créait des compagnies d'éclaireurs volontaires, chargés, la nuit, de se glisser par camarades de combat, jusqu'au pied des ouvrages avancés, et de débusquer les volontaires ennemis dont les feux, bien que individuels, nous faisaient beaucoup de mal.

La cavalerie, de son côté, opérait des reconnaissances qu'elle poussait jusque dans la vallée de Baïdar, à l'effet d'étudier les diverses positions et les divers mouvements de l'armée de secours. Ces reconnaissances ne rencontrèrent aucune opposition sérieuse, si ce n'est celle de quelques boulets lancés sur les têtes de colonnes, qui ne purent éviter l'incendie du campement des Cosaques, ni empêcher d'atteindre le but que l'on s'était proposé.

Pendant ce temps, l'armée turque, déjà forte de 12,000 hommes, poursuivait sa concentration à Eupatoria, menaçant ainsi les derrières de l'armée russe et ses communications par l'isthme de Pérékop.

Deux divisions nouvelles, arrivées de Constantinople, venaient de débarquer, et portaient à huit divisions d'infanterie l'effectif de l'armée française.

XVIII

L'état de l'armée anglaise ne lui permettait plus décidément de poursuivre ses travaux : le nombre des victimes que faisait la maladie qui la ravageait, allait toujours croissant, et son effectif était réduit au point qu'elle avait peine à faire arriver même ses approvisionnements jusque dans son camp. Cet état de choses, inquiétant pour nos travaux, qui touchaient de si près aux défenses ennemies, menaçant de se prolonger, le général Canrobert insista de nouveau auprès de lord Raglan pour lui démontrer l'impérieuse nécessité d'une exécution en commun de la partie des travaux du siége échus à l'armée anglaise, et, sur ces nouvelles instances, connaissant d'ailleurs son impuissance, le général en chef anglais avait enfin consenti, mais trop tardivement, à notre participation. Conséquemment, deux officiers supérieurs d'état-major, le colonel de Cissey et le commandant Vico, avaient été chargés de reconnaître les postes où les troupes françaises devaient relever les troupes anglaises sur le plateau d'Inkermann, en attendant que la répartition des travaux fût faite entre les deux armées.

XIX

Nos cheminements s'avançaient toujours avec rapidité vers la place, et devenaient chaque jour plus inquiétants pour l'assiégé, qui, pour en arrêter les progrès, précipitait maintenant ses sorties nocturnes.

Le 7 janvier, une colonne de trois ou quatre cents hommes débouche de la ville, et se jette résolûment sur nos travaux, que quelques assaillants parviennent à envahir ; mais pendant que trois compagnies la reçoivent hardiment de front, une quatrième se jette avec impétuosité sur son flanc, et l'oblige à la retraite, laissant dans nos tranchées, morts ou blessés, tous ceux qui avaient eu l'imprudence de s'y aventurer.

Le 10, une semblable tentative, faite au milieu d'une nuit d'orage, est repoussée avec la même énergie.

Le lendemain, l'ennemi, voulant attaquer la gauche de la ligne anglaise, se précipite sur un poste qui garde le ravin, et dont il doit se rendre maître pour empêcher l'alarme de se communiquer. Un combat acharné s'engage de part et d'autre ; la résistance du poste permet à nos soldats de voler à son secours, et l'ennemi, mis en déroute, est contraint de rentrer dans la place.

Trois jours après, vers deux heures du matin, par une nuit froide et nébuleuse, une colonne considérable de 1000 à 1200 hommes sort de la ville

et se masse en réserve en avant du bastion du
Mât, tandis que deux détachements de volontaires, marchant sur ses traces, se divisent pour assaillir la deuxième parallèle par ses deux extrémités. Aux cris d'alerte poussés par nos éclaireurs-
volontaires, les gardes de tranchées prennent les
armes, et reçoivent par une décharge à bout portant le premier détachement, qui se rue sur la
droite de la parallèle. Un combat s'engage sur ce
point, et l'ennemi gagnait du terrain, lorsqu'un
bataillon, accourant à la hâte, se jette dans la
mêlée, et commence à l'ébranler. De nouvelles
troupes arrivent sur le lieu du combat, et après
une lutte sanglante, décident enfin de la retraite
des assaillants, que le feu de la réserve protège
contre une poursuite, et qui laissent le terrain
jonché de morts et de blessés.

Le 19, vers minuit, deux colonnes débouchent
de la place, et se dirigent, l'une sur la gauche de
nos attaques, vers la baie de la Quarantaine, l'autre sur cette partie de nos tranchées que l'on avait
nommée le T. La première, composée de 300 hommes environ, reçue avec sang-froid par quatre
compagnies rangées en bon ordre sur le parapet,
essaie vainement de pénétrer dans nos ouvrages,

quand trois autres compagnies, se jetant sur son
flanc, l'obligent à se replier sur ses réserves massées autour du bastion de la Quarantaine, après
avoir laissé quelques morts entre nos mains, et
couvert de nombreux blessés tout le terrain qui
s'étendait en avant de nos parallèles.

Une heure après, la seconde colonne se précipite sur le T, où elle est accueillie énergiquement
par un bataillon qui l'attend sous les armes, et
qui, escaladant le parapet, la met en fuite et la
poursuit jusqu'au pied de ses ouvrages avancés.

A l'une des extrémités de la troisième parallèle,
un cheminement, récemment ouvert, avait attiré
l'attention des Russes, qui, dans la nuit du 31 janvier, y jetèrent tout-à-coup un détachement de
volontaires audacieux que soutiennent de fortes
réserves. A leur approche, nos éclaireurs, après
une décharge, se replient sur nos travaux, suivis
de près par les assaillants. Aussitôt gardes et travailleurs garnissent les parapets, et engagent une
lutte corps à corps avec eux ; plusieurs compagnies et des renforts de travailleurs ralliés accourent en force, et l'ennemi, attaqué de tous côtés à
la fois, renonce à l'espoir de détruire notre ouvrage, et se replie sur ses réserves, qui couvrent le

terrain d'une grêle de projectiles, et qui, pendant toute la durée du combat, ont, dans le but d'intimider nos soldats, rempli l'air de clameurs et de hourras frénétiques.

XX

Telle était notre situation en face de la ville assiégée, lorsque le général Niel, aide-de-camp de l'Empereur, apparut en Crimée avec la mission de faire une étude approfondie de l'état de nos moyens d'attaque, comme de ceux de la défense, et d'éclairer de ses lumières les généraux en chef de l'armée expéditionnaire. Après s'être rendu un compte exact des diverses positions et des différents points de la place sur lesquels nous dirigions nos travaux, il parut frappé de l'insuffisance de ceux exécutés à l'attaque anglaise qui, par suite de son peu de développement, laissait entre sa droite et la rade un espace découvert trop favorable à l'assiégé. Il ne se dissimula pas non plus que la situation exceptionnelle de Sébastopol, avec ses forts du nord toujours libres de leurs feux, avec ses communications toujours ouvertes et une armée puissante à ses côtés qui renouvelait chaque jour ses défenseurs, faisait de cette place un vaste

camp retranché servi par une artillerie inépuisa-
ble, et que les demi-mesures prises jusque-là par
les deux armées, étaient insuffisantes pour déterminer sa chute. Dès-lors, il fut d'avis que Sébastopol ne tomberait en notre pouvoir qu'autant
que l'investissement serait complet sur le nord de
la rade, comme dans le sud, et que nous nous serions emparés des hauteurs qui, dans la partie
orientale, commandaient toutes nos positions d'attaque.

En conséquence, à la suite de longs débats qui
s'agitèrent au sein de conseils souvent répétés, il fut
décidé que, à défaut d'un investissement du nord
et du sud impossible dans les conditions si pré-
caires des deux armées, au moins les troupes
françaises prendraient à faire les travaux nécessaires à l'attaque de la place par sa partie orientale, sur la tour Malakoff et le faubourg de Karabelnaïa.

Ces nouveaux travaux qui faisaient entrer le
siége dans une nouvelle phase, consistaient dans
l'établissement de deux batteries, l'une au point
de rencontre des attaques anglaises et françaises,
l'autre sur le penchant est du ravin du Carénage,
toutes deux destinées à protéger l'exécution des

cheminements à diriger sur le Mamelon-Vert qui
couvrait la tour Malakoff. Cette combinaison offrait en outre l'avantage de dégager l'attaque pri-
mitive de gauche, prise de flanc par cette position, et de lui permettre de s'avancer vers le bastion central. Enfin, des cheminements devaient
être exécutés à travers les deux plateaux que sépare le ravin de Karabelnaïa pour relier nos ouvrages à ceux de l'attaque anglaise.

Ces dispositions arrêtées, les travaux commen-
cèrent le 7 février, sous la direction du corps du
génie placé sous le commandement du général
Bosquet, dont le corps d'armée prit le titre de 2°
corps de siége.

Pendant ce temps, la poursuite des travaux ne
se ralentissait pas aux attaques de gauche, et
trente-trois batteries, élevées sur toute l'étendue
de cette partie de notre ligne, étaient prêtes à foudroyer les défenses ennemies.

Le corps d'armée chargé de l'exécution de ces
anciens travaux prenait, à dater de ce moment, la
dénomination de premier corps de siége.

XXI

Tandis que ces nouvelles opérations s'exécu-

taient devant Sébastopol, l'armée turque de 40.000
hommes, sous les ordres d'Omer-Pacha, était atta-
quée à Eupatoria. Inquiet de la présence de nos
alliés sur ses derrières, le prince Mentschikoff
avait détaché un corps d'armée commandé par le
général Krouleff, sous prétexte d'opérer une reconnaissance, mais en réalité pour s'emparer
d'Eupatoria, et jeter l'armée turque à la mer. A
cet effet, les Russes, pendant la nuit du 16 au 17
février, s'avançant en silence au milieu de l'obscurité, avaient creusé autour de la ville, à peine
fortifiée encore, un retranchement derrière lequel
devaient s'abriter des batteries de position. Au
lever du jour, ouvrant sur toute la ligne une vive
canonnade qui ne cessa qu'à la défaite, ces batteries préparent l'attaque d'une ligne de bataillons
déployés qui, pris d'enfilade par les vaisseaux qui
couvrent la gauche de la position, sont contraints
de se ployer pour attaquer la droite et le centre.
Deux bataillons détachés d'une colonne qui s'a-
vance à l'abri de pans de muraille, s'élancent à
l'assaut, encouragés par le silence qui règne autour d'eux ; mais au moment où ils abordent le
fossé, ils sont arrêtés par un violent feu de mousqueterie qui les oblige à rétrograder. La réserve

s'élance à son tour, et, ralliant les deux bataillons dispersés, veut aussi franchir le fossé, où elle rencontre encore une résistance énergique. Repoussée, et revenant à la charge avec de nouveaux renforts, un bataillon turc et plusieurs escadrons de cavalerie, sortant de la place, viennent se jeter sur son flanc, et la contraignent à battre en retraite. Dès lors, le corps d'armée russe, désespérant de s'emparer d'Eupatoria, s'éloigne sans êfre inquiété sur ses derrières, que protègent 80 pièces d'artillerie, 6 régiments de cavalerie et 400 Cosaques.

XXII

A notre nouvelle attaque de droite sur Malakoff, l'ouverture de nos travaux avait semé l'alarme parmi les assiégés, qui, pour s'opposer à notre approche, avaient construit en une nuit, au fond du contrefort qui regarde la baie du Carénage, un ouvrage de campagne que protégeait une série d'embuscades fortifiées et le feu croisé des batteries de terre avec celui des vaisseaux embossés au fond de la rade. Il était important de détruire ces travaux de contre-approche, ou bien de les bouleverser (car ils étaient bien éloignés de notre ré-

seau de tranchée pour que nous pussions garder
l'espoir de nous 'y établir), afin de démontrer à
l'ennemi que nous pouvions l'inquiéter sans cesse,
et par là, exercer peut-être sur lui un effet moral
dont les conséquences pouvaient nous être avan-
tageuses. Le général en chef avait donc décidé
que ces ouvrages seraient attaqués, et, dans ce
but, cinq bataillons, sous les ordres directs du général de Monet, avaient été désignés pour prendre part à cette opération.

En conséquence, dans la nuit du 23 au 24, vers
une heure du matin, deux bataillons de zouaves
prenaient position à la droite et à la gauche de
nos tranchées, un bataillon d'infanterie de marine se plaçait au centre, tandis que les deux autres bataillons, chargés de protéger la retraite,
devaient se masser en réserve, au-delà de la parallèle, quand les trois premiers se seraient portés
en avant, en ayant soin de s'abriter derrière des
plis de terrain. Au signal donné, ces différentes
colonnes, sortant sans bruit de nos tranchées,
prennent leurs positions d'attaque, et s'avancent
en ordre sur les ouvrages ennemis, que l'assiégé,
prévenu sans doute, avait fait occuper par des
forces considérables. Le bataillon de droite était à

peine engagé qu'il est enveloppé de toutes parts
par une fusillade des plus vives, après toutefois
avoir fait évacuer les embuscades qui couvrent la
droite du retranchement; le bataillon de gauche,
retardé dans sa marche par des obstacles inatten-
dus, n'entre pas en même temps en ligne; le bataillon du centre, abordant de front les embuscades, est accueilli par un feu meurtrier qui met la
confusion dans ses rangs. Toutefois, les trois colonnes, vigoureusement enlevées par leurs chefs,
chargent l'ennemi avec fureur et pénètrent dans
le retranchement; mais les Russes, rangés en bon
ordre sur le revers, les reçoivent sur leurs baïonnettes, et les accablent de feux meurtriers. L'ouvrage, envahi par nos troupes, reste un instant en
leur pouvoir; mais de nombreux renforts ennemis
accourent de toutes parts, appelés au combat par
les tintements du tocsin qui retentit dans la ville ;
les vaisseaux et les batteries de terre, croisant
leurs feux, vomissent la mitraille, et nos bataillons, pressés de tous les côtés à la fois, sont obli.
gés de battre en retraite. Cependant, le génie,
avec les travailleurs qui ont marché sur les traces des colonnes assaillantes, ont pu renverser une
partie des travaux exécutés dans la redoute, et si

3.

elle ne put rester en notre pouvoir, du moins nous
pûmes constater ultérieûrement que, ce combat
sanglant et acharné avait produit sur l'ennemi l'in-
fluence morale qu'on en avait espéré.

Mais s'il prouva à l'assiégé notre ferme résolution de ne pas tolérer la construction des travaux de
contre-approche en face de nous, il lui démontra
aussi l'importance que nous attachions à notre attaque de droite, et chaque jour nous vîmes alors
surgir de nouveaux ouvrages défensifs couvrant le
Mamelon-Vert et les abords de Malakoff, ainsi
que les pentes qui descendent du fond du plateau
d'Inkermann sur les bords de la rade et de la baie
du Carénage. La construction de ces derniers, surtout, avait une haute gravité, car ils tendaient à
réduire notre attaque sur Malakoff au rôle de sim-
ple diversion. Pour en éviter le développement, il
eût été désirable d'ouvrir promptement le feu sur
tous les points, afin de donner ensuite l'assaut à
la place; mais la lenteur persévérante de nos alliés, sans le concours desquels nous ne pouvions
rien tenter de sérieux, nous réduisait à l'impuissance, et accroissait ainsi nos difficultés.

Pendant ce temps, en effet, les retranchements
et les batteries que l'assiégé avait accumulés sur

le Mamelon-Vert, prenaient des proportions me-
naçantes, et en nous inquiétant de leurs feux,
nous interdisaient l'accès de la tour Malakoff, ob-
jectif de notre attaque dans cette partie de nos
opérations. De nombreuses et fortes embuscades
en couvraient les abords en avant de nos travaux,
et entravaient la marche de nos cheminements. Il
était nécessaire de s'en assurer la possession, et à
cet effet, le 14 mars, une compagnie de grenadiers
se jette sur trois points de ces postes avancés et en
chasse les défenseurs; mais au moment où nos
travailleurs se mettaient à l'œuvre, un renfort
considérable de troupes ennemies se lance sur les
compagnies de soutien qui allaient plier sous le
nombre, lorsqu'un bataillon de turcos, volant à
leur secours, se jette impétueusement à la baïonnette sur les assaillants, qui sont repoussés dans le
ravin.

Le 15, cinq autres embuscades attaquées chacune par une compagnie de zouaves, tombent
également en notre pouvoir, et sont détruites par
nos travailleurs, malgré la grêle de balles et de
mitraille qui s'abat autour d'eux, et malgré les
efforts réitérés que déploie l'assiégé pour rentrer
en possession de ses ouvrages.

XXIII

Ces différents succès, malgré leur faible impor=
tance, favorisaient la marche de nos cheminements, laquelle tourmentait visiblement les Russes ; aussi, pour s'opposer à ses progrès, avaient-
ils résolu d'opérer une sortie, la plus considérable
de celles qu'ils ont tentées devant Sébastopol.

Le 22 mars, à la chute du jour, deux colonnes
descendent des ouvrages du Mamelon-Vert, et se
déployant en face de la gauche du cheminement
que nous poussions sur le terrain des embuscades
conquises, ouvrent un feu violent sur nos travailleurs, pour s'opposer à l'achèvement de leur travail avant l'heure où l'attaque sérieuse devait
commencer. Vers onze heures du soir, douze à
quinze bataillons, sous les ordres du général
Krouleff, se divisent en trois colonnes, et pendant
que les deux premières devaient nous attaquer
par la droite et le centre, la troisième, attaquant
la gauche, devait tourner le ravin de Karabelnaïa,
nous prendre en flanc, et se jeter en même temps
sur la droite des retranchements anglais. Au signal
donné, toutes trois, formées en colonnes serrées
en masse, s'élancent à la fois sur nos travaux, et

sont reçues par la fusillade à bout portant de trois
bataillons de zouaves qui les laissent s'avancer
jusqu'au pied de leurs tranchées. Un instant interdit, l'ennemi s'élance de nouveau, et est arrêté par
une seconde décharge aussi meurtrière que la
première. Ses colonnes se déploient, s'étendent
sur notre droite et notre gauche, enveloppant le
cheminement le plus avancé de notre parallèle,
dans lequel nos zouaves se maintiennent ferme-
ment envers et contre tous les efforts des assaillants. Néanmoins, pressés de toutes parts, et pour
se dégager, ils chargent trois fois à la baïonnette,
et s'enfoncent dans les rangs ennemis, qui se referment sur eux. Deux compagnies d'élite se jettent sur la gauche, et par leur charge impétueuse, ouvrent aux zouaves une retraite assurée.
La résistance opposée au centre et à droite oblige
l'ennemi à concentrer tous ses efforts sur notre
gauche et sur la droite des Anglais, dégarnie de
défenseurs. Les Russes, trouvant un chemin facile
par cette ouverture, se répandent sur nos derrières à travers nos boyaux de communication, et
nous accablent sous la vivacité de leurs feux de
revers. En même temps, ils tombent sur deux
points extrêmes des tranchées anglaises, qu'ils

envahissent un instant, mais que nos alliés ont aussitôt réoccupés, en obligeant par leur énergique contenance ces assaillants obstinés à battre en retraite. Pendant ce temps, le combat se poursuit sur notre droite et notre centre, plus acharné que jamais, malgré l'infériorité numérique de nos bataillons. De ce côté, le 4ᵉ bataillon de chasseurs est accouru au pas de course, et, tandis que d'une part il charge vigoureusement l'ennemi, de l'autre, les troupes déjà engagées réunissant toutes leurs forces dans un suprême effort, se précipitent à la baïonnette sur les assaillants, que ces deux charges simultanées mettent définitivement en déroute.

Une division turque, commandée par Ismaël-Pacha, venait de débarquer sur le plateau de Kersonèse.

A cette époque, l'armée russe venait de changer de commandant en chef, et le général Gortschakoff avait succédé au prince Mentschikoff, à qui son trop mauvais état de santé ne permettait plus d'exercer un commandement aussi important.

XXIV

Enfin, après tant de jours d'attente déçue et de

vœux si longtemps stériles, le jour de l'ouverture
du feu avait été irrévocablement fixé au 9 avril.
Au point du jour, nos batteries, qu'une inaction
forcée avait condamnées au silence, sont enfin démasquées, et, de concert avec celles des Anglais,
font retentir nos camps du bruit des puissantes détonations de leurs 450 pièces d'artillerie; puis,
malgré la pluie qui détrempe les terres, le vent
qui écrête les épaulements, le brouillard qui couvre la ville de son voile épais, continuent à foudroyer les défenses ennemies de leurs projectiles
bien dirigés. L'assiégé, un instant interdit par
cette subite et formidable décharge, répond tantôt avec vigueur, tantôt avec une faiblesse qui
semble accuser son impuissance.

Le soir de cette première journée, à la faveur
du désordre apporté dans les ouvrages de nos ennemis, des troupes, désignées à cet effet, devaient
s'emparer de quelques embuscades nuisibles à la
poursuite de nos cheminements de l'attaque de
gauche, que le génie voulait diriger à travers le
cimetière du lazaret, situé dans une des dépressions de terrain du ravin de la Quarantaine; mais
le mauvais temps contraignit à remettre cette
opération à la nuit suivante.

En effet, le 10 au soir, vers dix heures, ces embuscades, attaquées résolûment, furent abandon-
nées par leurs défenseurs; mais le tracé du cheminement à exécuter était à peine achevé, que de
fortes réserves ennemies viennent se précipiter
sur les troupes qui couvraient nos travailleurs,
et pendant que celles-là opposaient une résistance
énergique, ceux-ci, craignant d'être enveloppés,
rentrent dans les tranchées, abandonnant leurs
travaux commencés, et entraînant dans la fuite
les compagnies engagées.

Le lendemain, à neuf heures du soir, l'attaque
est renouvelée. Nos troupes s'élancent sur les ouvrages ennemis, qui nous sont abandonnés, après
avoir essuyé une première décharge, et afin de n'a-
voir plus à subir les feux des embuscades voisines de
notre cheminement, le génie les fait aussitôt dis-
paraître. Pendant ce temps, de gros bataillons ennemis, bien abrités derrière des plis de terrain ou
de petits murs, s'avancent pour reconquérir les
ouvrages, et accablent de feux croisés nos troupes
engagées, qui résistent néanmoins, et se maintiennent sur les positions. Ce combat inégal se soutint
toute la nuit à travers les alternatives de l'attaque
et de la défense; mais, au point du jour, nos tra-

vaux avaient marché si lentement, que nous dû-
mes en suspendre l'exécution pour ne pas nous
mettre en prise à la mitraille de l'artillerie
de la place.

Il était pourtant indispensable que nous fussions
maîtres de ces positions, tant pour servir au com-
plément de nos approches que pour enlever à
l'ennemi un terrain que son acharnement à nous
disputer prouvait l'importance qu'il y attachait
pour l'accroissement de ses lignes de défense.
Aussi, dès le lendemain, les dispositions étaient
prises pour que ce système d'embuscades, qui
nous tenait en échec, tombât en notre pouvoir.
Deux attaques simultanées doivent être portées
sur deux points à la fois : la première, sous la direction du général Breton, doit s'exécuter sur les
ouvrages du cimetière; la deuxième, sous les ordres du général Rivet, doit s'effectuer sur ceux
qui s'élèvent en avant de cette portion de nos parallèles qu'on nomme le T. A l'heure indiquée,
les colonnes assaillantes sont réunies à leur poste
de combat. Sur la gauche, six compagnies, soutenues par deux autres compagnies du 9e bataillon
de chasseurs à pied, agissant isolément, attaquent
chacune leur embuscade, et sans brûler une

amorce, se jettent à la baïonnette sur les défenseurs qui les occupent, et les obligent à se replier
sur leurs réserves, qui ouvrent aussitôt sur elles
un feu meurtrier; puis elles se portent en avant
de la ligne des ouvrages conquis, et, sous leur protection, les travailleurs se mettent de suite en devoir de combler les embuscades et de continuer
le cheminement commencé la veille.

En même temps, à l'attaque de droite sur le T,
quatre compagnies que soutiennent également
deux compagnies du 9e de chasseurs, se jettent
de même chacune sur une embuscade, s'en emparent et résistent courageusement au nombre supérieur d'ennemis qui vient bientôt les combattre.
Pourtant, devant le feu terrible qui les écrase,
elles se replient sur nos parallèles; mais des renforts accourent en toute hâte, et s'élançant ensemble, nos troupes reprennent le terrain que l'ennemi a réoccupé, et le chassent devant elles; puis
se portant en avant, elles forment à leur tour un
rempart de leurs baïonnettes pour protéger le travail que dirige le génie.

Pendant le jour, nos batteries continuaient à
faire entendre leurs foudroyantes détonations.

Depuis quelques mois, on travaillait activement

à miner le terre-plein qui s'étendait entre nos
tranchées et le saillant du bastion du Mât. Le 15
avril, à huit heures du soir, le feu, communiqué
à seize fourneaux de mine, chargés de 25,000 kilogrammes de poudre, entr'ouvrit tout-à-coup la
terre, lançant dans l'espace des blocs énormes de
rocher, et creusa deux entonnoirs d'une profondeur de 4 à 5 mètres, à 70 mètres environ des batteries ennemies. Au bruit causé par cette explosion épouvantable, les Russes, croyant à un assaut général, couvrent leurs parapets de défenseurs, et vomissent la mitraille de leurs canons.
Nos batteries répondent de toutes leurs pièces, et
au milieu d'un horrible fracas, sous une voûte
d'innombrables projectiles, deux compagnies, que
suivent de nombreux travailleurs, vont prendre
possession des nouveaux entonnoirs que les Russes nous disputent vainement, et que nous devons
relier à notre parallèle la plus avancée.

XXV

Déjà, depuis quelque temps, les difficultés que
nous trouvions sans cesse sous nos pas, avaient
fait concevoir l'idée d'opérer une diversion à l'extérieur. Une expédition sur les côtes de la mer

d'Azoff avait été proposée par lord Raglan, appuyé de l'avis des amiraux français et anglais, qui ne voyaient pas sans un secret déplaisir l'inaction et l'impuissance de leur flotte, et bien que le général Canrobert, lié par ses instructions, ne partageât pas ce sentiment, cependant la nécessité de maintenir entre les chefs de l'armée alliée la bonne harmonie sans laquelle toute solution devenait impossible, lui inspira la pensée conciliante de condescendre à des vœux instamment exprimés. Il fut donc décidé qu'une division française, commandée par le général d'Autemarre, et une division anglaise, sous les ordres du général Brown, renforcées d'un détachement de l'armée ottomane, seraient transportées dans les parages de la mer d'Azoff, pour aller explorer la ville de Kertch, le détroit d'Yeni-Kalé, et intercepter les communications des Russes entre l'Europe et l'Asie, d'où ils tiraient la majeure partie de leurs approvisionnements.

L'escadre combinée mit donc à la voile le 30 avril, et déjà elle allait franchir le détroit de Kertch, lorsque de nouvelles instructions positives et pressantes du gouvernement français, ordonnant de concentrer dans le plus bref délai toutes les forces disponibles, obligent le général Canrobert à rappeler sa divison expéditionnaire. Dès lors, le général en chef de l'armée anglaise, privé de notre appui, fut également contraint de rappeler sa flottille, non sans amertume, et non sans garder le ressentiment du contre-ordre qui faisait évanouir un projet sur lequel il avait fondé de grandes espérances. Aussi, à dater de ce moment, vit-on naître entre les deux généraux anglais et français un dissentiment fatal sur toutes les questions ultérieures.

XXVI

Cependant, en dépit des efforts réunis de l'artillerie et du génie, les assiégés opposaient toujours une résistance énergique. Nos travaux n'avançaient plus qu'avec lenteur, et nous commencions à perdre l'espoir de réduire au silence les innombrables batteries de la place. Il était pourtant urgent de mettre un terme à notre fâcheuse situation, et, malgré la constante menace d'une attaque de l'armée de secours, grossissant sans cesse, se concentrant autour de Sébastopol, et attendant le moment où nous tournerions toutes nos forces contre l'assiégé pour se jeter sur nos li-

gnes ; malgré les chances incertaines que présentait encore cette grave opération, l'assaut avait
été résolu d'un commun accord. Tout avait été
disposé à cet effet : les points d'attaque étaient
choisis, les emplacements destinés à recevoir les
colonnes assaillantes étaient désignés et préparés,
lorsque la nouvelle de l'arrivée prochaine d'une
armée de réserve, arrivant du camp de Maslak,
près Constantinople, et composée de la garde impériale, de deux divisions d'infanterie et d'une
division de cavalerie, fut communiquée au conseil réuni et délibérant en dernier ressort sur les
dispositions à prendre pour l'attaque. Dans les
circonstances où nous nous trouvions, il étaitsage
d'attendre le débarqement de cette armée de réserve qui, par le puissant concours de ses 25,000
hommes, devait jeter dans la balance des événements des chances plus favorables au succès de
notre entreprise, et dès lors, l'exécution de l'assaut projeté fut ajournée jusqu'àson arrivée.

Le feu de nos batteries fut alors ralenti, tout en
continuant néanmoins à exercer autant que possible les ravages nécessaires pour occuper l'assiégé, et empêcher encore le nombre si considérable de ses ouvrages défensifs.

Mais les Russes, dont l'activité ne se dément pas, élèvent sans cesse de nouveaux retranchements, s'enveloppent d'un triple rempart de canons, creusent de continuelles embuscades qu'il faut prendre ou détruire, et dont les incessantes attaques nocturnes nous coûtent toujours un sang précieux.

En effet, ces différents combats, si peu sérieux qu'ils fussent, nous causaient par leur multiplicité des pertes considérables, et pour épargner un sang si utile au jour de l'action décisive, on avait pris le parti de ne plus s'inquiéter de la présence devant nous de ces embuscades, qui, dans l'espace d'une nuit, surgissaient comme par enchantement, laissant à nos batteries le soin de les détruire au moment de l'attaque définitive; mais à la faveur de cette tolérance, l'ennemi, reliant entr'elles toutes ses embuscades, avait ainsi formé, en avant du bastion central, une nouvelle ligne couvrante qui augmentait encore les difficultés de nos approches. Chaque nuit, cet ouvrage, mis à l'état de réduit fermé, prenait un accroissement alarmant, et, sur les instances réitérées du général Pélissier, qui avait pris le commandement du premier corps de siége, le général en chef avait enfin donné l'ordre de l'enlever.

En conséquence, le 1ᵉʳ mai, à dix heures et demie du soir, trois colonnes d'attaque, disposées dans les tranchées, attendent le signal du départ. La première, sous le général Bazaine, composée de trois bataillons de la légion étrangère, attaque l'ouvrage par sa droite, et doit tourner l'ennemi; la deuxième, sous le général de la Motterouge, formée de trois bataillons, doit aborder la position de front; la troisième, composée d'une compagnie du 9ᵉ bataillon de chasseurs et de deux compagnies du 42ᵉ, doit attaquer l'ennemi par son flanc gauche, laissant le combat s'engager sur la droite et le centre. Au signal donné, la colonne de gauche et celle du centre se précipitent au pas de course, et sans tirer, sur la partie de l'ouvrage qu'elles doivent assaillir, et sont reçues par un violent feu de mousqueterie. Néanmoins, la colonne de gauche a tourné la position; celle du centre a envahi le retranchement; alors la petite colonne de droite s'élance à son tour, et se jette à la baïonnette sur le flanc gauche des Russes. Pressés par trois côtés à la fois, ils ne peuvent plus tenir dans l'ouvrage, et malgré l'héroïque bravoure de leurs officiers, qui les ramènent trois fois au combat, ils sont contraints de se retirer derrière les remparts

du bastion central qui vomit toute la nuit une mitraille des plus meurtrières sur les troupes engagées, lesquelles protègent le travail du génie re-
tournant les parapets de l'ouvrage conquis contre
les assiégés, et creusant des boyaux de communication pour le relier à nos parallèles.

La prise de ce retranchement nous avait conduits d'un seul coup à 150 mètres du bastion
central.

Le lendemain, vers trois heures de l'après-
midi, une colonne ennemie, forte d'environ 300
hommes, sort silencieusement par la lunette du
bastion, et s'avançant courbée sous des plis de
terrain qui dérobent sa présence, se précipite
tout-à-coup sur les parapets inachevés et gardés
par quelques compagnies que la lumière du jour,
en inspirant plus de confiance, a rendues moins
vigilantes. Un instant surprises par cette attaque
insolite, elles se saisissent aussitôt de leurs armes,
d'outils qui gisent à leurs pieds ou de pierres
qu'elles trouvent sous la main, et engagent un
combat corps à corps avec les assaillants. Ceux-ci,
repoussés un moment, se reforment en bon ordre,
malgré le feu qui les enveloppe, et se jettent de
nouveau sur nos troupes, qui allaient peut-être

4

céder au choc, lorsque deux compagnies de voltigeurs de la garde s'élancent, au milieu de la mitraille de la place, sur leur flanc droit, suivies
bientôt par trois autres compagnies. Menacés à
leur tour, les Russes perdent l'espoir de reprendre l'ouvrage, et se replient sur leur bastion, poursuivis par un feu épouvantable d'artillerie dirigé
sur l'étroit passage de la lunette ouvert aux
fuyards, que l'on voit broyés par les projectiles
au milieu des débris poudreux des fascines et des
gabions.

Un corps d'armée sarde, à l'effectif de 15,000
hommes, sous les ordres du général de la Marmora, venait de débarquer à Kamiesch pour se
joindre aux troupes anglaises, et se placer sous
le commandement en chef de lord Raglan, dont
l'armée s'accroissait de son côté par les nombreux
renforts qu'elle recevait même des Indes.

Presque en même temps, l'armée de réserve
arrivait du camp de Maslak, et le général Regnault de Saint-Jean-d'Angély en prenait le commandement.

Ce fut sur ces entrefaites que le général Canrobert, divisé d'opinions avec lord Raglan, depuis
le rappel de l'expédition de Kertch, crut devoir

faire le sacrifice de sa personnalité dans l'intérêt de la cause commune, et sollicita de l'Empereur son remplacement en faveur du général Pélissier, qui venait de prendre possession de son commandement en chef. Le général Canrobert restait provisoirement à l'armée de Crimée, reprenant le commandement de la première division d'infanterie, qu'il avait déjà commandée au début de la guerre.

En même temps, le général de Salles succédait au général Pélissier dans le commandement du premier corps de siége.

XXVII

Le voisinage menaçant de l'ouvrage dit du 2 mai, dont la prise nous avait portés si près du bastion central, et celui non moins menaçant des entonnoirs reliés entre eux à 70 mètres du bastion du Mât, étaient pour les Russes des sujets d'inquiétude constante, et, pour contrebalancer les avantages de cette position avancée, ils travaillaient nuit et jour à accumuler sur notre gauche les plus sérieux obstacles. Entre la baie de la Quarantaine et le cimetière, se dressaient déjà de nombreuses embuscades dont il était urgent de s'emparer promptement, si nous ne voulions pas voir s'élever devant nous un ouvrage semblable à celui que nous avions dû emporter au prix de tant de sang versé dans la nuit du 1ᵉʳ au 2 mai. En conséquence, le nouveau général en chef donna donc l'ordre au général commandant le premier corps de siége de s'emparer de ces diverses embuscades.

A cet effet, dans la soirée du 22 mai, deux colonnes, devant opérer simultanément, prennent position dans les tranchées en face des points qu'elles doivent aborder. La colonne de droite, sous le général de la Motterouge avec trois bataillons de voltigeurs de la garde et du 9ᵉ de chasseurs à pied, est chargée de l'attaque des embuscades du cimetière; celle de gauche, aux ordres du général Beuret, forte de quatre bataillons et de trois compagnies du 10ᵉ chasseurs à pied, doit s'emparer de celles qui s'élèvent au fond de la baie.

A neuf heures du soir, ces deux colonnes s'élancent au même signal : celle de gauche occupe, après une courte résistance, les embuscades qu'elle a attaquées, s'y maintient contre les retours offensifs des réserves après deux heures d'alternative de succès et de revers, et sous la mitraille qui la décime, protège toute la nuit le travail du génie, qui retourne les parapets contre la ville.

La colonne de droite, longeant le mur du cimetière, débouche impétueusement sur les embuscades qu'elle a mission d'occuper, et s'en empare également; puis, se portant en avant de la ligne, fait un rempart de ses baïonnettes aux travailleurs, qui commencent aussitôt l'œuvre de destruction des ouvrages inutiles et d'édification des épaulements à retourner contre l'assiégé. Mais les Russes, dont le projet était de relier cette nuit même ses différentes embuscades entr'elles, avaient massé derrière les ondulations du sol qui sillonnent le ravin de la Quarantaine, des colonnes profondes qui se jettent en nombre écrasant sur nos bataillons. Une mêlée confuse s'engage corps à corps, dans laquelle le bruit du canon et de la mousqueterie se confond avec celui de la voix des officiers excitant et rappelant, de part et d'autre, leurs troupes au combat. Durant toute la nuit, nos soldats luttent avec une ardeur et un courage indescriptibles; mais malgré leurs valeureux efforts, ils doivent plier sous le nombre des bataillons ennemis toujours décimés et toujours renaissants. En vain, les voltigeurs de la garde, formant la réserve, encore inexperts dans ces combats nocturnes, font des prodiges de valeur pour repousser ces masses compactes qu'ils ont plus d'une fois entamées ; en vain, en dépit de sa supériorité numérique, l'ennemi est trois fois repoussé, les premières lueurs du jour, en venant éclairer ce champ de carnage, nous obligent à abandonner une position impossible à garder, non pas, toutefois, sans avoir détruit pendant l'action les embuscades que nous n'avions pu prendre, afin que l'ennemi ne pût au moins les occuper sans péril.

Durant toute la journée qui suivit, les Russes, pensant bien que notre attaque serait renouvelée la nuit même, couvrirent de mitraille, d'obus et de boulets ce terrain si chèrement disputé.

Le soir, le général Duval avec six bataillons que soutiennent en réserve deux bataillons de voltigeurs de la garde, dispose sa colonne d'attaque dans nos tranchées, tandis que quatre bataillons, que commande le général Couston, sont chargés de défendre les embuscades de gauche qui, dans la nuit précédente, sont seules restées en notre pouvoir.

A neuf heures du soir, la colonne d'assaut se
précipite résolûment sur la ligne des embuscades
que les Russes, las peut-être de répandre tant de
sang pour leur conservation, n'ont fait défendre
que par un petit nombre d'hommes qui ne peuvent opposer qu'une faible résistance. Bientôt
toute la ligne est conquise, et la colonne assaillante, se déployant en avant, protège, dans une
position solide, le travail du génie, qui s'opère
heureusement, quoique fort tourmenté par le feu
meurtrier de la place, mais sans avoir été inquiété
un seul instant par les retours offensifs de l'assiégé.

XXVIII

A l'avénement du nouveau général en chef de
l'armée française, les dissensions avaient cessé au
sein du conseil, et, les circonstances s'étant modi-
fiées, les raisons qui avaient motivé le rappel de
l'expédition de Kertch, sous le commandement du
général Canrobert, n'existaient plus désormais.
Pour donner satisfaction aux désirs de lord Raglan,
partisan toujours zélé de cette expédition, et toujours secondé dans ses vues par les amiraux Lyons
et Bruat, il avait été résolu de nouveau qu'un

corps d'armée mixte, composé de 7,000 Français,
de 3,000 Anglais et de 5,000 Turcs avec cinq batteries d'artillerie, sous le commandement du général anglais Brown, serait embarqué sur des vaisseaux empruntés aux deux flottes pour être trans-
porté dans la mer d'Azoff et sur les côtes de Cir-
cassie.

Dans cette même journée du 22 mai, qui devait
être témoin de l'un des plus sanglants combats livrés devant Sébastopol, les corps désignés pour
faire partie de cette expédition s'embarquaient à
Kamiesch, et prenaient la mer le soir même, à
l'heure où retentissaient au loin les premiers gron-
dements du canon. Le 24, au matin, les deux petites escadres étaient en vue du cap Takli, et aussitôt les dispositions étaient prises pour opérer le
débarquement. A la vue de nos vaisseaux, l'ennemi, sans opposer la moindre résistance, se mit
en retraite, en nous abandonnant la position, non
sans avoir détruit au préalable toutes ses défenses
et incendié ses habitations. Dès lors aucun obstacle ne s'opposant plus au passage du détroit, nos
vapeurs se répandirent dans la mer d'Azoff, chas-
sant devant eux ou capturant quantités de barques, de chaloupes, de navires marchands de tout

tonnage, effrayés et fuyant par centaines dans un désordre inexprimable pour échapper à la ruine ou à la destruction.

Les Russes, après leur retraite, s'étaient renfermés dans le vieux château d'Yeni-Kalé que protégeaient d'épaisses murailles couronnées de batteries et une ligne de bâtiments flottants armés en guerre. Deux canonnières anglaises furent chargées d'attaquer ces défenses, et à cet effet elles ouvrirent contre elles un feu si vif et si bien dirigé que, à la fin de la journée, les batteries ennemies cessaient leur tir, et que les défenseurs, désespérant de toute résistance, faisaient sauter la forteresse dans une explosion qui alla porter l'épouvante jusque sur nos vaisseaux, et opéraient leur retraite, après avoir promené l'incendie sur tout ce qui pouvait encore rester debout.

Son débarquement effectué, l'armée française se mit en marche, et sans s'arrêter devant Kertch, vint s'établir solidement dans la ville d'Yeni-Kalé, laissant à la flotte le soin de détruire et de brûler dans la mer d'Azoff tous les établissements maritimes avec les immenses approvisionnements qu'ils renfermaient.

De tous ces établissements, Anapa, assis sur la

côte circassienne, était le plus considérable et le
mieux défendu, et ce n'était pas sans appréhension que nous envisagions l'attaque de cette place
dont la résistance pouvait nous entraîner dans les
longueurs d'un siége meurtrier, quand nos opérations devant Sébastopol nécessitaient déjà le dé-
ploiement de toutes nos forces. Par bonheur, ses
défenseurs, inquiets de leur isolement au milieu
de peuplades hostiles, et redoutant sans doute
l'humiliation de se rendre devant nos armes, pré-
férèrent l'abandonner à notre discrétion, après
avoir renversé ses fortifications et livré aux flam-
mes ses nombreux magasins.

Cette expédition ainsi terminée par la ruine
des moyens de transport de nos ennemis et de
leurs principaux lieux de ravitaillement, notre
corps d'armée se remit en mer, pour venir reprendre, devant Sébastopol, l'emplacement qu'il occupait avant son départ.

XXIX

Le plateau de Kersonèse était maintenant trop
exigu pour contenir la vaste étendue des camps
des armées alliées que l'adjonction des troupes
sardes, du corps de réserve, de divisions turques

et de renforts successifs, avaient considérablement augmentées. Il était à craindre que, avec le retour des chaleurs, cette immense agglomération d'hommes dans un espace si restreint, n'attirât sur elles des épidémies désastreuses; d'autre part, il était utile d'aller chercher en-dehors de ce terrain naguère si riche et si fertile, aujourd'hui si aride et si désolé, les pâturages nécessaires à la subsistance de notre cavalerie et de notre troupeau; et puis, Sébastopol tombé, il faudrait agir contre l'armée extérieure, et dans ce cas il était prudent de s'assurer des positions qui préparassent le succès de nos armes, et assez solides en même temps pour nous permettre de résister à une agression.

Le général en chef avait donc décidé qu'une reconnaissance serait exécutée à l'effet de faire choix d'un terrain qui satisfît à ces diverses exigences, et le général Canrobert, à la tête de deux divisions d'infanterie, deux divisions de cavalerie et cinq batteries d'artillerie, avait été chargé de cette opération.

Vers le milieu de la nuit du 25 mai, ces différentes troupes se massaient en ordre dans la plaine de Balaclava, et à trois heures du matin

apparaissaient sur les bords de la Tchernaïa. La
cavalerie, formant tête de colonne, franchit le
pont de Traktir, et, tandis que, sous le feu d'une
batterie de position, elle va reconnaître les hauteurs de Makensie, la première division débouche
à son tour du pont, et se porte à gauche vers les
hauteurs qui bordent la rive droite de la Tchernaïa.
Sur notre droite, une division piémontaise s'avance
vers le village de Tchorgoun, prête à couper la
retraite à l'ennemi, qui n'oppose partout qu'une
faible résistance, et qui se retire à notre approche, laissant en notre pouvoir une redoute dont
il emporte les canons. De cette redoute, le général en chef lui-même vient observer les positions de l'ennemi, puis après avoir fait démante-
ler la face qui bat le débouché du pont de Traktir,
donne l'ordre de la retraite à nos colonnes, qui s'é-
tablissent définitivement sur les hauteurs s'éle-
vant sur la rive gauche de la Tchernaïa, d'Inkermann à Tchorgoun, l'armée française ayant
les Sardes à son extrême droite et les Turcs en
seconde ligne, sur les collines qui séparent la
vallée de la Tchernaïa de celle de Balaclava.

Quelques jours plus tard, le général Morris, à
la tête d'une division d'infanterie et d'une divi-

sion de cavalerie, opérait une reconnaissance jusqu'au fond de la vallée de Baïdar, et rentrait dans
nos lignes sans avoir rencontré nulle part la plus
faible opposition.

XXX

Tandis que notre attaque de gauche poursuivait
son œuvre à travers tant d'obstacles; tandis que
notre armée d'observation étendait ainsi notre
base d'opérations, nos cheminements n'avançaient
plus que faiblement à notre attaque de droite et
sur Malakoff, et nos parallèles n'étaient encore
qu'à trois ou quatre cents mètres du Mamelon-
Vert. Sans cesse inquiétés par le feu qui partait
de la redoute et de la double ligne de retranchements qui la couvrait, nos travaux ne pouvaient
progresser qu'avec une extrême lenteur. Cependant, malgré la distance qui nous séparait, le général en chef avait pris la détermination de donner l'assaut aux ouvrages de cette position, d'accord sur ce point avec lord Raglan, dont les travaux d'approche avaient aussi cruellement à souffrir de ses feux. Il fut donc convenu que, au moment où nous attaquerions le Mamelon-Vert, les
Anglais se lanceraient à l'attaque de l'ouvrage

dit des Carrières, qui couvrait le grand redan,
pendant que, à notre droite, des troupes françaises donneraient en même temps l'assaut aux redoutes dites Ouvrages-Blancs, qui s'élevaient au
fond du plateau d'Inkermann, sur la crête des pentes qui descendent au bassin du Carénage.

Dès le 6 juin au matin, toute notre artillerie
couvre de ses bombes, de ses obus et de ses boulets la redoute du Mamelon-Vert, ainsi que les ouvrages du faubourg, et afin de tenir l'ennemi dans
l'ignorance du véritable point d'attaque, les batteries de nos attaques de gauche ouvrent également leur feu.

Le lendemain 7, avant le coucher du soleil, le
général Bosquet, à la tête de quatre divisions qui
s'acheminent à couvert sous les accidents de terrain des ravins du Carénage et de Karabelnaïa,
fait prendre position dans les tranchées à ses colonnes. A l'attaque du centre, deux divisions, sous
les généraux Mayran et Dulac, sont massées vers
le ravin du Carénage; les deux autres, sous les
généraux Camou et Brunet, sont formées en colonne devant le front du Mamelon-Vert; et, tandis que les Anglais disposent leurs bataillons pour
les lancer à notre gauche sur l'ouvrage des Car-

rières, deux brigades françaises prennent position
sur notre droite, en face des Ouvrages-Blancs.

Au signal donné par des fusées lancées de nos
batteries, ces différentes colonnes s'ébranlent à la
fois, et s'avancent, à travers la mitraille et les feux
croisés de toutes les batteries ennemies, sur les diverses positions attaquées. A notre droite, les
deux brigades que conduisent au feu les généraux
Lavarande et de Failly, abordent chacune une
redoute, et, pénétrant par les embrasures, escaladant les parapets, entrent victorieusement dans
les Ouvrages-Blancs que, après un combat à outrance, les Russes ont dû nous abandonner. Emportés par leur ardeur, nos soldats les poursuivent
jusqu'au fond du ravin du Carénage; aussitôt une
colonne ennemie s'élance au secours des bataillons
fugitifs, et enveloppe nos troupes, que des renforts
envoyés par le général Mayran viennent dégager
par une charge impétueuse. Au même moment,
deux de nos bataillons, dirigés avec intelligence,
escaladant les rampes escarpées de la rive droite du
ravin, se portent par une manœuvre aussi hardie
qu'ingénieuse sur les derrières de l'ennemi, qui,
en nous livrant 400 prisonniers, nous abandonne
aussi les Ouvrages-Blancs.

Au centre, nos colonnes, entraînées par leurs chefs, ont escaladé les épaulements de la redoute du Mamelon-Vert, et malgré le feu qui les décime, malgré la résistance acharnée des Russes qui combattent avec désespoir, arborent nos drapeaux sur les remparts ennemis ; mais là encore nos soldats, qu'enivre le triomphe, cédant plutôt à la voix de leur courage qu'à celle de la prudence, poursuivent l'assiégé jusque sur le bord du fossé du bastion Malakoff : un feu terrible les arrête, couvrant le glacis de morts et de mourants. Au même instant, de profondes colonnes massées en arrière de la gorge, s'élancent sur nos bataillons, qu'a terrifiés cet ouragan de fer et de feu, et, les poursuivant à leur tour, reprennent possession du Mamelon-Vert. Le général Bosquet fait aussitôt avancer trois nouvelles brigades, et, sous leur protection, nos bataillons ralliés se reforment en bon ordre, puis tous ensemble, reprenant l'offensive, culbutent de nouveau l'ennemi par une charge irrésistible, et rentrent dans la redoute une deuxième fois conquise.

Sur notre gauche, les Anglais s'étaient en même temps élancés sur la redoute des Carrières, dont ils avaient fait fuir les défenseurs, malgré

leur opiniâtre résistance. Au moment où nos troupes couraient témérairement à la conquête de la
redoutable tour Malakoff, entraînés par l'exemple,
ils s'étaient, eux aussi, jetés à l'assaut du grand
redan ; mais le feu épouvantable qui les frappa de
mort en traversant cet espace découvert, les avait
obligés à rentrer dans l'ouvrage des Carrières, qui
ne leur fut plus disputé.

XXXI

La première enceinte fortifiée des Russes nous
était donc définitivement acquise, et nos travailleurs se mirent aussitôt à l'œuvre pour relier les
Ouvrages-Blancs à ceux du Mamelon-Vert, afin de
nous garantir contre les retours offensifs que l'assiégé ne devait pas manquer de tenter cette nuit
même. En effet, trois fois de fortes colonnes, revenant à la charge, essayèrent de reconquérir les
ouvrages perdus, mais trois fois repoussées par
nos bataillons attentifs, leurs efforts infructueux
vinrent se briser sur le fer de nos baïonnettes.

Dès le lendemain, on travailla activement à
fortifier notre nouvelle conquête, et à établir de
nouvelles batteries chargées de protéger l'attaque
prochaine de nos colonnes sur le bastion Mala-

koff; à cent mètres environ du Mamelon-Vert, les parapets d'une tranchée ennemie furent retournés contre la place ; puis ce retranchement fut relié à droite aux Ouvrages-Blancs, dont les épaulements furent également retournés, et à gauche, à la redoute des Carrières, occupée par les Anglais. Le Mamelon-Vert fut couronné de nouvelles batteries au milieu de difficultés de toute nature, et ces diverses opérations furent terminées en quelques jours.

XXXII

Malgré la divergence d'opinion des généraux du génie et d'artillerie sur l'opportunité d'une attaque aussi prompte, les généraux en chef des trois armées, partageant à cet égard les mêmes sentiments, avaient décidé qu'une action définitive serait tentée contre le bastion Malakoff, et que, pour diviser les forces de l'ennemi, l'armée d'observation opérerait en même temps un mouvement offensif sur la Tchernaïa.

Le général Bosquet reçut l'ordre d'aller prendre le commandement du corps d'armée de la Tchernaïa, et le général Regnault de Saint-Jean-d'Angely le remplaça dans le commandement du 2ᵉ corps de siége.

Le 17 juin, dès le matin, le feu de nos batteries tonnait contre la place, au moment où les Turcs et les Sardes, formant l'extrême droite de notre ligne sur la Tchernaïa, faisaient un mouvement en avant pour menacer l'armée extérieure.

Trois colonnes d'assaut composées chacune d'une division, sous les généraux Mayran, Brunet et d'Autemarre, étaient désignées pour l'attaque sur Malakoff, qui devait commencer à trois heures du matin, sur un signal donné par une gerbe de fusées d'artifice. Le général Mayran, avec sa division, renforcée d'un régiment de la garde, devait déboucher du ravin du Carénage, suivre les rampes de la rive gauche, et jeter sa première brigade à l'assaut de la batterie de la pointe qu'elle tournait par la gorge, tandis qu'il lançait sa deuxième brigade sur le petit redan. Le général Brunet devait prendre position au centre, plaçant sa première brigade dans la tranchée avancée du Mamelon-Vert, en face des ouvrages attaqués, sa deuxième dans la tranchée en arrière, et avait pour mission de donner l'assaut aux deux points extrêmes de la Courtine, qui reliait Malakoff au

petit redan. Le général d'Autemarre devait longer
le ravin de Karabelnaïa, et avec ses deux brigades attaquer la batterie Gervais, qui flanquait la
droite du bastion, puis se jeter sur la Courtine, qui
se prolongeait vers le grand redan par le ravin de
Karabelnaïa.

En même temps, les Anglais, formés également
en trois colonnes, devaient donner l'assaut au
grand redan. Les deux premières attaquaient les
deux faces, et la troisième se jetait sur l'angle
saillant du bastion, après avoir laissé se dessiner
le mouvement de la 1re et de la 2e colonne.

Dans la nuit du 17 au 18, pendant que notre artillerie couvrait de ses nombreux projectiles tous
les points d'attaque, ces différentes colonnes s'a-
cheminaient sans bruit vers leurs postes de combat. La division Mayran, couchée ou assise dans
les dépressions de terrain du ravin du Carénage,
attendait, silencieuse, le moment de s'élancer à
l'assaut, lorsque le général, par une fatale erreur,
se méprenant au signal d'attaque à l'apparition
dans les airs de traces fusantes laissées par quelques bombes, donne l'ordre à ses colonnes de se
porter en avant au milieu d'entraves que des her-
bes touffues et entrelacées sèment sous leurs pas.

L'ennemi, qui veille derrière ses remparts, les reçoit par une décharge effroyable de balles et de mitraille, à laquelle se mêle le feu croisé des navires embossés dans la baie du Carénage et dans la rade, ainsi que le feu de flanc des batteries élevées sur la côte du nord : la mort et la confusion se jettent dans nos rangs. Deux nouveaux régiments accourent en toute hâte, et au moment où le général Mayran les lance au secours de ses bataillons décimés, un biscaïen l'atteint mortellement à la poitrine. Nos soldats, qui ne peuvent se faire jour devant cet ouragan de fer déchaîné sur eux, se maintiennent pourtant sur ce terrain parsemé de morts. Quatre bataillons de la garde accourent à leur tour, mais toute tentative est vaine, et nulle part nos soldats ne peuvent avancer.

Dix minutes plus tard, le vrai signal fendait les airs, et les deux autres colonnes s'élançaient à leur tour. Au centre, le général Brunet vient de lancer ses régiments, quand une balle lui traversant la poitrine, le renverse inanimé; et là encore, malgré l'intrépidité et l'élan de nos soldats, tous les efforts sont impuissants pour briser les obstacles qui s'élèvent sous nos pas, et pour re-

pousser un ennemi qu'abritent des remparts infranchissables.

A notre gauche, le géneral d'Autemarre a également lancé ses troupes sur la batterie Gervais,
que le 5ᵉ bataillon de chasseurs, formant la tête
de colonne, a envahi après un sanglant combat.
De là, poursuivant l'ennemi l'épée dans les reins,
suivi d'un seul régiment, il se répand dans le faubourg de Karabelnaïa pour tourner Malakoff par sa
gorge ; mais à l'apparition de cette tête de colonne, un feu terrible des Russes, abrités derrière des pans de mur, ou des maisons en ruine,
la décime et l'arrête. Le général Krouleff rallie
ses bataillons un moment dispersés, et les lance
sur les envahisseurs; à ces bataillons se joignent
ceux dont la présence n'est plus utile sur les points
d'attaque où nous sommes repoussés, et sous le
nombre qui les écrase, sous les feux croisés qui
fauchent leurs rangs, nos soldats sont forcés de
se replier derrière la batterie Gervais, poursuivis par les Russes. Cependant, ils s'élancent de
nouveau en avant pour reconquérir le terrain
perdu : c'est en vain, leurs persévérants efforts
viennent échouer au pied des retranchements que
l'ennemi a repris. Nos colonnes se reforment en-

core à l'abri de plis de terrain en arrière de la batterie Gervais, et avec l'aide d'un nouveau régiment venu à la rescousse, veulent essayer encore un assaut en se jetant sur le bastion Malakoff même ; mais cette dernière et audacieuse tentative reste encore sans effet, et le feu qui les écrase sur le bord du fossé qu'ils ne peuvent franchir, les oblige définitivement à regagner nos retranchements.

En même temps que nos deux dernières colonnes, les Anglais s'élançaient aussi à l'assaut du grand redan ; mais dès leur apparition en-dehors des parapets, ils sont mitraillés par une pluie de projectiles qui s'abat sur le front et le flanc des bataillons, et qui couvre en un instant le terrain de morts et de blessés. Néanmoins, ils tentent encore leurs mouvements combinés, mais de nouvelles décharges de mitraille plus meurtrières que la première les rejettent dans leurs tranchées, d'où ils ne peuvent sortir sans courir à la mort.

De toutes parts nous étions repoussés, et le général en chef donna l'ordre de la retraite à nos colonnes, dont la ferme attitude, dans la défaite, en imposa assez à l'ennemi pour qu'il n'osât pas les poursuivre jusqu'à nos retranchements.

Deux jours après, le général Bosquet reprenait le commandement du deuxième corps de siége; le général Herbillon le remplaçait au commandement supérieur de la ligne de la Tchernaïa, et le général Regnault de Saint-Jean-d'Angely était replacé à la tête de la garde impériale.

Le 28 juin, lord Raglan, après une courte malapie, expirait sous les atteintes du choléra, qui commençait à sévir dans nos camps, et le général Simpson prenait le commandement en chef de l'armée anglaise.

XXXIII

Après notre échec du 18 juin, les travaux furent repris avec une nouvelle vigueur : d'autres batteries furent élevées aussitôt sur l'extrémité du contrefort qui s'abaisse vers la baie du Carénage, à l'effet de battre toutes les parties de la rade qui pouvaient mettre la côte septentrionale en communication avec l'assiégé, comme aussi les batteries qui la défendaient, et de contrebattre les vaisseaux dont les feux croisés étaient une des premières causes de notre revers. Le génie, de son côté, poursuivit ses cheminements vers le bastion Malakoff, sous un feu toujours plus meurtrier à

csure que l'on approchait, et sous les menaces
cessantes des attaques de l'ennemi, qui, se sen-
nt chaque jour plus mal à l'aise dans le cercle
e fer que nous rétrécissions sans cesse, tentait
resque toutes les nuits des sorties vigoureuse-
ent repoussées.

Les pertes nombreuses qu'avait éprouvées la
vision Mayran, dont le général Faucheux avait
ris le commandement, l'avaient tellement affai-
lie, qu'il devint nécessaire de la remplacer à l'at-
aque de droite. La division Canrobert fut donc
ppelée à concourir aux opérations du siége, tan-
is que la division Faucheux prenait sa place à
armée d'observation.

XXXIV

Pendant que nous dirigions ainsi tous nos efforts
ur Malakoff, objet aujourd'hui de notre attaque
rincipale, l'armée de secours, qui avait été con-
idérablement augmentée, faisait de son côté ses
réparatifs pour nous rejeter sur le plateau de
ersonèse, en nous attaquant dans nos lignes de
a Tchernaïa.

Sur la rive gauche de cette rivière, s'étend une
haîne de hauteurs que les Russes ont appelées

5

Monts Fédiouchine ; c'était sur ces hauteurs qu'é-
tait campée l'armée française. Ce massif est divisé en trois contreforts, séparés entr'eux par deux
vallons : à travers celui de droite, passe la route
qui, descendant des hauteurs de Mackensie, va se
perdre sur le plateau de Kersonèse, franchissant
d'abord la Tchernaïa sur le pont de Traktir, puis
un canal de dérivation qui porte à Sébastopol les
eaux réunies du ruisseau de Chouliou et de la
Tchernaïa, sur un second pont distant du premier
d'environ 100 mètres. Sur le plateau qui s'élève
à la droite de ce vallon, était campée la première
brigade de la division Faucheux, avec une batterie
d'artillerie ; sur celui de gauche, la deuxième brigade, avec la première de la division Camou et
une autre batteris d'artillerie ; sur le dernier contrefort, formant la gauche de notre ligne, était
campée la deuxième brigade de la même division,
avec une batterie d'artillerie.

A notre extrême droite, les Piémontais, établis
sur le sommet de l'un des groupes formant les
monts de Balaclava, étaient séparés de l'armée
française par un large ravin, et éclairés par des
grand'gardes qu'ils avaient jetées au-delà de la
Tchernaïa sur une des crêtes des hauts plateaux

le Chouliou qui bordaient en face de leurs positions la rive droite de la rivière.

En arrière, était formée en réserve, entre la division Camou et la division Faucheux, une brigade
e la division Herbillon, sous le commandement
u général Cler, avec cinq batteries d'artillerie.

La cavalerie des Français, des Anglais et des
gardes était campée plus en arrière, dans la plaine
e Balaclava.

Enfin, les Turcs occupaient à l'extrême droite
les hauteurs peu accessibles, et présentant des
impossibilités matérielles à la bonne direction des
manœuvres d'une armée.

A notre extrême gauche, l'autre brigade de la
ivision Herbillon, campée sur les rampes du plateau d'Inkermann, appuyait son aile gauche à la
redoute Canrobert, et soudait notre ligne au 2ᵉ
corps de siége.

Dans la nuit du 15 au 16 août, l'armée russe,
composée de six divisions d'infanterie, trois divisions de cavalerie, et soutenue par 160 bouches à
feu, quittait ses positions de Mackensie, et se
rangeait en bataille au bas des pentes de la rive
droite de la Tchernaïa. Au point du jour, elle pré-
lude au combat en dirigeant sur les grand'gardes

piémontaises et les embuscades françaises un feu
terrible d'artillerie qui les oblige à se replier sur
nos lignes; puis aussitôt, trois divisions, formées
en colonne, s'ébranlent, et marchent sur les positions de l'armée française surprise dans son som-
meil.

A notre gauche, une division franchit la Tchernaïa et le canal, puis escalade les pentes qui montent au sommet du mamelon défendu par la division Camou. A son approche, nos troupes s'élancent intrépidement à la baïonnette sur cette colonne assaillante qui n'a pu se reformer entièrement en ordre après le passage de la rivière, et
bien qu'un épais brouillard, enveloppant la vallée, ne permette pas de discerner ses manœuvres,
cependant deux régiments se lancent sur son front,
tandis qu'un troisième va se jeter sur son flanc
droit. Prise ainsi à l'improviste, cette colonne est
culbutée, précipitée sans retour dans le canal et
dans la rivière, poursuivie dans sa déroute par le
feu de notre artillerie.

Devant le pont de Traktir, au centre de nos positions, deux divisions russes s'avancent en bon
ordre, et malgré le feu de deux batteries qui couvrent la droite et la gauche du pont, franchissent

e passage de la Tchernaïa sur plusieurs points,
efoulant sur les hauteurs les bataillons du général
e Failly descendus pour le défendre. Déjà, elles
gravissent en colonnes profondes les deux côtés du
avin, que gardent les deux brigades du général
aucheux ; mais bientôt la réserve du général
ler accourt : un régiment de cette brigade se
orte à gauche au secours du général de Failly, et
rois bataillons viennent renforcer la droite, que
outiennent deux faibles bataillons de zouaves et
uelques compagnies du 19e bataillon de chas-
eurs à pied. Aussitôt la brigade de Failly reprend
l'offensive, et chargeant impétueusement l'en-
emi à la baïonnette, le rejette au-delà du pont
e Traktir. Sur la droite du ravin, tandis que les
ouaves et les chasseurs disputent pied à pied le
errain à l'assaillant, le général Cler dispose ses
ataillons déployés derrière des ondulations de
errain, et au moment où l'ennemi apparaît sur
a crête, tous trois, après une décharge meur-
rière, fondent sur lui à la baïonnette, et le préci-
itent à leur tour au fond de la vallée.

Mais une division de renfort vient d'accourir au
ecours des deux divisions repoussées, et toutes
es trois se reforment en colonne pour tenter en-

core de forcer ce passage ; elles s'avancent en bon
ordre, s'emparent de la tête de pont qui couvre
la rive droite, et repassent la rivière ; mais le
brouillard s'est dissipé, nos attaques sont moins
indécises, et sur la droite comme sur la gauche du
ravin, nos bataillons, conduits par des chefs héroïques, soutenus par le feu de sept batteries d'artillerie qui couvrent notre front, se précipitent
sur ces nouvelles colonnes et les rejettent encore
derrière la Tchernaïa.

Cependant, défait sur notre gauche et notre
centre, l'ennemi veut au moins tenter un effort
sur notre droite : une division, augmentée d'un
régiment, descendant des crêtes du plateau de
Chouliou, se porte en avant pour s'ouvrir un passage par la gorge qui sépare l'armée piémontaise
de l'armée française, qu'elle veut tourner par sa
droite. Le général de la Marmora fait aussitôt dé-
ployer une de ses divisions pour défendre le passage du canal, et se relier à l'armée française.
Pendant qu'il engage un vigoureux combat, le
général Faucheux, que des renforts sont venus
soutenir, dispose ses bataillons sur les crêtes extrêmes du plateau, et l'ennemi, pris en flanc par
nos troupes, attaqué de front par les Sardes, qui

le menacent aussi sur le flanc opposé, mitraillé par le feu de nos batteries de position, se replie sur le canal. Se reformant en colonne serrée, il veut encore gravir les pentes qui montent au sommet de notre plateau; mais derrière une batterie d'artillerie, le général Cler a posté deux bataillons muets et immobiles que l'ennemi ne peut voir, et au moment où il aborde la crête du mamelon, ces deux bataillons, qu'a précédés une décharge de mitraille, fondent sur lui à la baïonnette ainsi qu'un torrent, et le rejettent définitivement au-delà du canal et de la Tchernaïa.

L'armée russe était en pleine retraite, sous la protection d'une nombreuse cavalerie et d'une artillerie formidable qui ne nous permirent pas de la poursuivre, laissant le champ de bataille semé de monceaux de cadavres.

XXXV

Nous avancions toujours sur Malakoff, en dépit de tous les obstacles qu'accumulaient sous nos pas et la nature du sol, et le voisinage des batteries ennemies, et les quotidiennes sorties de l'assiégé. Le feu de nos canons, établis sur le Mamelon-Vert, avait acquis sur celui de la place une prépondé-

rance marquée, et, sous sa protection, on était arrivé, à travers les nombreux abatis répandus en
avant des fossés, à 25 ou 30 mètres du bastion Malakoff, et à 40 mètres de la Courtine et du petit redan. Aussi nous ne pouvions rester plus longtemps
sur ces positions avancées, sans éprouver des pertes immenses, et sans nous exposer à perdre le
fruit de nos laborieux efforts, soit en restant en
prise aux coups de l'ennemi, soit en laissant à ses
mineurs, menaçant déjà nos têtes de sapes, le
temps d'arriver sous nos parallèles. D'un autre
côté, notre artillerie allait manquer de munitions;
l'assiégé élevait en toute hâte de nouvelles batteries qui devaient encore augmenter les difficultés de notre attaque ; les Anglais enfin étaient
prêts à agir; nos attaques de gauche ne pouvaient
que perdre en atermoyant davantage : tout nous
invitait donc à opérer en diligence, et le moment
étant venu de donner à la ville assiégée le dernier,
le suprême assaut, un conseil de guerre, tenu en
séance solennelle, en avait voté l'exécution, que
le général Pélissier avait fixée au 8 septembre.

A l'attaque de droite sur Malakoff, trois colonnes devaient coopérer à cette œuvre sanglante :
celle de droite, sous le général Dulac, formée

d'une division et d'une réserve, composée d'une brigade et du bataillon de chasseurs de la garde, doit se porter à l'assaut du petit redan ; celle du centre, formée de la division la Motterouge, doit attaquer la grande courtine qui relie Malakoff au petit redan, puis s'élancer sur une ligne de nouvelles batteries que les Russes élèvent en arrière de la première enceinte ; celle de gauche, dirigée par le général de Mac-Mahon, qui avait succédé au général Canrobert, rappelé en France, et formée d'une division et d'une réserve composée d'une brigade et des zouaves de la garde, est chargée de l'attaque du bastion Malakoff. Ces trois colonnes devaient être soutenues par la garde impériale, qui prenait position dans les tranchées du Mamelon-Vert, transformées à cet effet en spacieuses places d'armes, et six batteries d'artillerie tenues en réserve à la redoute Victoria et à la batterie Lancastre, étaient prêtes à se porter sur tel point d'attaque où leur présence serait rendue nécessaire.

Les Anglais avaient la mission d'attaquer le grand redan et devaient commencer leur mouvement au signal donné par le général Pélissier, lorsque nos troupes se seraient établies dans les ouvrages de l'ennemi.   5.

Aux attaques de gauche, sur un autre signal du général en chef, l'assaut devait être donné au bastion central par la division Levaillant, formée en trois colonnes attaquant, celle de gauche la lunette du bastion, celle du centre la face droite, et celle de droite le saillant; puis toutes trois devaient se porter sur la gorge du bastion du Mât avec une division de renfort, pendant qu'une autre division, suivie d'une brigade sarde, devait l'attaquer de front.

Chaque tête de colonne était précédée de compagnies d'infanterie et de 60 sapeurs du génie, chargés de porter et de placer les échelles à l'aide desquelles les colonnes d'assaut devaient franchir le fossé, ainsi que de 50 canonniers chargés d'enclouer les pièces.

Afin de tromper l'ennemi sur le jour et l'heure de notre attaque, il avait été résolu que le plus grand silence serait gardé à cet égard, jusqu'au moment de lancer nos colonnes, et que le feu de nos 806 pièces d'artillerie, répandues sur toute la ligne de ceinture, depuis le bassin du Carénage jusqu'au bassin de la Quarantaine, serait ouvert le 5 septembre, à la pointe du jour, se montrant tour à tour vif ou lent, saccadé ou régulier, pour attirer l'assiégé hors de ses blindages, et pour le contraindre à s'abriter au moment de l'action.

Le 5 septembre au matin, le feu fut donc ouvert sur tous les points à la fois, répandant sur la ville et sur ses défenses extérieures la ruine, la dévastation et la mort. Pendant trois jours, il poursuivit sans relâche, tantôt violent, tantôt faible, cette œuvre de destruction générale, et dès le soir de la première journée, il présentait à nos regards le spectacle d'un incendie majestueux et terrible, dévorant au milieu des flots un des vaisseaux ennemis embossés dans le port.

Dans la matinée du 8 septembre, toutes les divisions prennent les armes, et un ordre du jour du général Bosquet fait alors connaître aux troupes assemblées que l'assaut doit être livré à midi aux ouvrages de l'attaque de droite. Puis, chaque colonne se met en marche silencieusement vers son point d'attaque, courbée, l'arme basse, pour dérober ses mouvements à la vue des assiégés, rendus sourds au bruit de ses pas par les mugissements d'un vent impétueux, mêlés au fracas retentissant de nos batteries faisant fureur.

Les colonnes d'assaut prenaient position dans trois tranchées différentes,

Celle de droite se massait dans la dernière parallèle dirigée sur le saillant du petit redan et dans les boyaux de communication' adjacents ; celle du centre dans la parallèle plus en arrière vers le front de la Courtine, et celle de gauche prenait position dans la parallèle la plus avancée qui se développait à 25 mètres en face du saillant de Malakoff.

Le général Bosquet, dirigeant l'attaque générale, s'était placé, entouré de son état-major, dans notre sixième parallèle, lieu d'où il pouvait étendre son regard sur tous les points à la fois, et le général en chef avait établi son quartier général dans la redoute du Mamelon-Vert.

Au moment où l'aiguille marquait en même temps midi à la montre de tous les généraux, chaque colonne assaillante s'élance en avant au signal de son chef, secondée par les sifflements aigus du vent. La division Mac-Mahon, se divisant en deux colonnes, se jette à la fois sur le saillant et sur la face gauche du bastion, pendant que ses zouaves et ses chasseurs à pied se portent sur la batterie Gervais. La rapidité de l'attaque, facilitée par le tumulte combiné de la canonnade et des violentes rafales de la tempête, fut telle, que l'ennemi, surpris sous ses blindages, n'eut pas le temps de se mettre en défense. Une lutte corps à corps s'engage, horrible et sanglante, entre les assiégeants et les assiégés. Tout ce qui se présente sous la main : pelle, pioche, pierre, écouvillon, devient une arme mortelle dont chaque combattant fait usage pour renverser son adversaire. Malgré les efforts désespérés des Russes, que la voix de leurs officiers anime au combat, que leur noble exemple encourage, nos soldats se maintiennent dans le réduit Malakoff, dont la gorge est heureusement fermée, et tiennent tête derrière ce rempart aux réserves ennemies accourant pour les en chasser.

Au centre, la division la Motterouge est également entrée dans la Courtine, et après s'être emparée d'une batterie qui flanque la gauche du bastion, se précipite aussitôt sur la deuxième enceinte, qu'elle envahit encore, sans que son élan soit arrêté ni par la mitraille de ses canons qui la frappe et l'enveloppe, ni par le fer des baïonnettes que ses défenseurs lui opposent.

A droite, la colonne assaillante pénètre aussi dans le petit redan sous le feu foudroyant de la mousqueterie et de la mitraille, puis se jette aussitôt sur les batteries de la pointe et sur celles de la maison en croix.

Mais bientôt l'assiégé, qu'a stupéfié la rapidité de cette attaque impétueuse, reprend l'offensive avec l'aide des réserves qu'il a ralliées. Au petit redan, nos soldats, battus de toutes parts par le feu des pièces établies sur leurs flancs, par celui des batteries du cimetière, des forts de la côte nord de la rade, des vaisseaux embossés dans la baie du Carénage et dans la rade, ne peuvent tenir sur ce terrain que mutilent les projectiles, et commencent déjà à se débander. De fortes colonnes ennemies bondissent inopinément des profondeurs des ravins Outchakoff et Oupatanoff, et s'élançant sur eux en nombre supérieur, les rejettent derrière les fossés de l'ouvrage, où une partie se maintient avec l'énergie du désespoir, pendant que l'autre se replie sur nos retranchements. Les généraux de brigade reforment leurs bataillons qui s'élancent une autre fois à l'assaut, et rentrent dans le petit redan, où ils sont de nouveau écrasés par les feux convergents des réserves, des batteries et des vaisseaux. Le bataillon de chasseurs de la garde accourt; sur ses traces vole aussi la brigade de Marolles, suivie elle-même de deux bataillons de grenadiers; mais c'est en vain que nous voulons nous maintenir sur des positions que tous ces feux de revers et de flanc rendent inabordables, nos soldats mutilés sont encore forcés de se replier derrière le fossé de l'ouvrage.

La retraite de la division Dulac avait mis à découvert le flanc droit de la division la Motterouge qui, privée d'appui et menacée d'être enveloppée, fut contrainte à son tour d'abandonner la seconde enceinte pour se replier sur la première, où elle s'établit solidement, et de telle manière que l'ennemi, malgré tous ses efforts, ne put parvenir à l'en expulser.

Notre situation était critique sur la droite, et le général Bosquet, de son poste d'observation, l'avait jugée telle. Aussi, faisant avancer deux des batteries d'artillerie en réserve à la redoute Victoria, il ordonne au commandant de les établir de façon à battre de ses feux les navires dont les pièces causaient tant de ravages dans nos rangs. Aussitôt ces deux batteries se mettent en mouvement à travers un terrain labouré par la mitraille, et, se plaçant audacieusement à découvert, engagent avec les vapeurs ennemis un combat à coups de canon, ensuite duquel trois d'entr'eux, criblés par nos projectiles, sont forcés de s'éloigner du champ de bataille. Lutte héroïque, mais inutile, car elle ne pouvait rendre le terrain perdu à nos bataillons impuissants !

Mais, sur notre gauche, nous sommes toujours maîtres du bastion Malakoff, où le général Mac-Mahon se maintient en dépit des assauts réitérés des colonnes ennemies, qui viennent heurter contre nos baïonnettes leurs efforts infructueux.

Il était environ deux heures lorsque le général Pélissier fit aux Anglais le signal d'attaque. Aussitôt, deux divisions, marchant sur les pas l'une de l'autre, s'avancent résolûment sur le saillant du grand redan, où une brèche praticable avait été ouverte. Dès leur apparition, un feu épouvantable abat les têtes de colonne, et sème de morts et de mourants l'espace de deux cents mètres qu'elles avaient à parcourir. Cependant, nos braves alliés poursuivent intrépidement leur marche, et, refermant les trouées sanglantes que la mitraille fait dans leurs rangs, se jettent dans les fossés, escaladent les escarpes, et s'engagent dans l'angle saillant du bastion : un feu roulant de mousqueterie les crible par ce passage, où chaque nouvel arrivant trouve la mort, et après une heure durant de lutte acharnée, de résistance inutile, ils sont obligés de regagner leurs retranchements.

Une heure après environ, l'ordre d'attaquer était également donné au général de Salles, qui dirigeait aux attaques de gauche l'assaut du bastion central. Dès la matinée, les colonnes assaillantes avaient pris position dans les parallèles les plus avancées en face de leurs points d'attaque. Au signal convenu de la berloque, les deux brigades, précédées chacune d'une compagnie de volontaires, devaient se porter simultanément en avant; mais ici, à l'inverse de l'attaque sur Malakoff, où il s'était montré si favorable, le souffle impétueux du vent qui emportait les échos dans la direction contraire, s'opposa à ce que la première perçût la sonnerie en même temps que la seconde. Celle-ci s'élance sur le saillant, mitraillée par le feu de toutes les pièces qui reprennent soudain leur tir, après être restées muettes depuis le matin. Cette décharge inattendue de ces batteries démantelées, de ces embrasures comblées, de ces pièces égueulées qui paraissaient dans l'incapacité de servir, étonne nos soldats, qui voient en même temps surgir tout-à-coup de nombreux défenseurs derrière ces parapets en ruine qu'on pouvait croire abandonnés. Ce fut alors que, sous le trouble d'une surprise qui devait nécessairement affaiblir le moral de nos hommes, et sous la grêle de projectiles qui s'abattait sur la colonne de droite en balayant sur son passage tout le terrain qu'elle avait à franchir, ce fut alors que la première brigade reçut l'ordre de se porter à l'assaut. Sa colonne de gauche broyée par la mitraille, à demi détruite par les éclats de plusieurs fougasses, ne peut que se jeter dans le fossé de la lunette, où elle laisse un grand nombre de prisonniers au pouvoir de l'ennemi; sa colonne du centre, aveuglée sur la direction qu'elle doit suivre, se jette vers la droite sur le saillant, où elle va confondre son attaque avec celle de la 2e brigade. Ces deux colonnes, engagées sur le même point, luttent avec un courage indicible pour pénétrer par le saillant, et trouvent une résistance insurmontable. Pourtant, tandis qu'une partie des troupes sont arrêtées sur le glacis et le talus extérieur, l'autre, qui a pu se rendre maîtresse de la première batterie, est écrasée par le feu meurtrier des défenseurs qui couvrent la gorge de l'ouvrage : deux régiments sont accourus, suivis bientôt d'une brigade qui se fraie difficilement un passage à travers les tranchées encombrées.

Avec l'aide de ces renforts, nos bataillons s'élancent une fois encore en avant; mais repoussés par l'ennemi qui les attaque en flanc, ce nouvel effort ne produit aucun fruit, l'explosion de nouvelles fougasses ayant jeté dans leurs rangs la confusion et la mort; les Russes se précipitent une dernière fois sur eux, et les obligent à rentrer dans nos places d'armes.

Pourtant, un nouvel assaut allait être tenté, et de nouvelles dispositions étaient déjà prises à cet effet, lorsque le général en chef, pensant que la prise de Malakoff devait seule suffire pour déterminer la chute de Sébastopol, envoya l'ordre de cesser ailleurs des attaques où le sang répandu à flots était inutile au triomphe de nos armes. Mais si notre entreprise sur le bastion central avait échoué, elle avait du moins contribué à faire tomber la tour Malakoff, en forçant l'ennemi à diviser des forces qu'il aurait pu concentrer sur ce point.

Pendant ce temps, les Russes multipliaient leurs assauts sur Malakoff, mais la division Mac-Mahon, augmentée de nombreux renforts, faisait toujours tête à l'orage. En vain, leurs colonnes se succèdent tour à tour; en vain, quatre vaillants géné-

raux, prodigues de leur vie pour nous arracher
cette conquête décisive, tombent mortellement
frappés en les conduisant au combat; toute attaque est vaine, toute tentative vient avorter devant l'inébranlable fermeté de nos soldats : Malakoff, cette clef de l'inexpugnable Sébastopol,
était à jamais tombée entre nos mains !

XXXVI

Il était cinq heures du soir. La lassitude et l'impuissance des assiégés avaient fait trève à la fureur du combat. L'artillerie seule poursuivait ses
ravages, quand une détonation formidable, dominant le tumulte de ses mille voix d'airain, vint
soudain jeter la consternation et l'épouvante
parmi les combattants : l'épaisse colonne de fumée qui s'élève en tourbillonnant vers le ciel du
bastion Malakoff, inspire à tous la crainte que la
division de Mac-Mahon n'ait été ensevelie sous
des monceaux de ruines ; mais bientôt le nuage
se disssipe, et à travers les éclaircies de la fumée,
on peut distinguer sur le rempart nos drapeaux
agitant au vent leurs couleurs victorieuses. Malakoff et ses défenseurs sont encore debout! La
batterie qui flanquait la gauche du bastion avait

seule été emportée dans l'explosion, et la division
la Motterouge, qui s'y était renfermée en partie,
avait eu cruellement à souffrir de ses ravages, sans toutefois abandonner cette position.

La nuit était venue, et toutes les dispositions
avaient été prises pour repousser l'ennemi qui,
suivant toute apparence, reviendrait en force pour
tenter encore de rentrer en possession de la tour
Malakoff : les troupes veillaient attentives, le feu
avait cessé de gronder, et quelques rares coups de
fusil, quelques lointaines détonations d'obus trou-
blaient seuls le silence qui avait succédé au fracas du jour. Tout-à-coup, une explosion effroyable retentit dans les airs ; aussitôt après cette première explosion, une seconde se fit entendre qui,
toute la nuit, fut suivie de détonations intermit-
tentes : les Russes faisaient sauter les remparts
qu'ils ne pouvaient plus défendre, et profitaient
de l'obscurité pour opérer leur retraite sur le
nord, à travers un pont de bateaux entre les deux
rives.

Si, au milieu de cette destruction générale, le
bastion Malakoff fut épargné, ce fut l'effet d'une
protection spéciale de la Providence, qui mit nos
soldats sur la trace de la mine qui devait les

anéantir jusqu'au dernier; et si, triomphants à Malakoff, nous vîmes nos armes humiliées au bastion central comme au grand et au petit redan, l'humiliation de la défaite n'était-elle pas préférable au triomphe de la victoire, quand on songe aux milliers de victimes que ces épouvantables explosions devaient ensevelir sous les ruines fumantes de ses bastions !

Le lendemain matin, au point du jour, Sébastopol était désert, et ses vaillants défenseurs l'avaient abandonné au milieu de ses ruines, ne laissant courir par la ville que quelques vagabonds chargés de répandre l'incendie sur les dernières maisons échappées à la destruction. Les vaisseaux étaient coulés au fond de la rade, et de cette flotte si puissante, il ne restait plus que quelques vapeurs seuls sillonnant encore les eaux de ce vaste port, naguère plein de vie et d'agitation.

XXXVII

Il y avait onze mois, jour pour jour, que Sébastopol était assiégé. L'histoire des guerres n'enregistrait encore aucun fait comparable dans ses annales. Tous les siéges célèbres des temps anciens et modernes : Byzance, Syracuse, Jérusalem, Saragosse, etc., disparaissaient devant les colossales proportions de cette œuvre hercu-léenne. L'héroïque défense des Russes fut prodi-gieuse de courage et de persévérance, de même que l'héroïque attaque des alliés fut sublime de constance et d'abnégation. Le siége de Sébasto-pol confondra dans une gloire immortelle les vain-queurs et les vaincus, et vivra, dans les siècles futurs, comme un monument impérissable de ce que peuvent les peuples qui combattent avec le sentiment du droit et du patriotisme.

SOUVENIRS

DE

LA CAMPAGNE DE CRIMÉE.

AU COLONEL ARDANT DU PICQ.

MON COLONEL,

C'est avec un vif plaisir et un profond intérêt
que j'ai lu la brochure que vous avez bien voulu
m'envoyer, témoignage de votre souvenir qui m'a
vivement touché. La lecture de votre œuvre est
attrayante, instructive, et il serait vraiment dommage de la laisser sans publicité. Aussi, contreve-
nant à la recommandation que vous m'avez faite,
l'ai-je aussitôt déposée à la bibliothèque du corps,
où chaque officier ira en prendre connaissance
pour s'éclairer sur les principes qu'elle renferme.
D'ailleurs, pour répondre au désir que vous ex-
primez à la fin de votre livre, ne devais-je pas le
mettre sous les yeux de « ceux qui savent, »

afin de raviver dans leur esprit des souvenirs qui vous rendront plus facile l'élaboration de l'œuvre nouvelle que vous voulez produire ? C'est en répandant les idées dont vous vous inspirez que nous recueillerons les documents dont vous avez besoin.

Quant à moi, je me mets entièrement à votre disposition, mais en n'acceptant toutefois les conséquences de mon engagement qu'autant que ma collaboration se bornera à rassembler mes souvenirs de quinze années.

Commençons donc par la bataille de l'Alma, puisque la première de vos trois questions est pour elle.

I

Après quatre jours passés sur la plage d'Old-fort, l'armée alliée se mettait en marche, forte de 60,000 hommes environ, dont quatre divisions françaises, quatre divisions anglaises et une division turque, puis longeant le littoral sous la protection des canons de la flotte, venait établir ses campements sur des hauteurs parallèles à celles qu'occupait l'armée ennemie sur la rive

gauche de l'Alma, séparée de nous par une vaste
vallée d'environ cinq kilomètres.

Le lendemain matin, toutes les divisions prenaient les armes : la 2ᵉ division de l'armée française et la division turque, sous le général Bosquet, ouvraient la marche, et, ployées en colonne,
longeaient le littoral, appuyées par les batteries
de nos vaisseaux; mais arrêtée dans son mouvement par la lenteur flegmatique des Anglais, cette
colonne dut faire halte au milieu de la vallée. Les
feux s'allument, et nos troupes font le café. Pendant ce temps, notre division, général Canrobert,
et la 3ᵉ, prince Napoléon, restées sous les armes
dans leurs campements abattus, attendaient, im-
patientes, le moment où nos alliés se mettraient
en marche. Il était onze heures environ quand le
signal de se porter en avant fut enfin donné, et
l'armée tout entière s'ébranlant, marche à l'ennemi dans cet ordre imposant :

A l'aile droite, ainsi que je l'ai dit, avait marché, ployé en colonne serrée, le corps du général
Bosquet qui, pour poursuivre sa manœuvre, attendait notre jonction vers le milieu de la vallée ; au
centre, la première et la troisième division de l'armée française, marchaient en bataille par batail-

lons en colonne ou en masse ; à l'aile gauche, s'avançaient les divisions anglaises dans le même ordre ; enfin, la 4ᵉ division française, général Forey, formait la réserve, et marchait en colonne à hauteur du milieu de l'intervalle formé par les deux divisions du centre. A trois cents mètres en avant de celles-ci, des compagnies, déployées en tirailleurs, éclairaient la marche, et couvraient le front des bataillons. Ma compagnie et la vôtre étaient du nombre. J'avais négligé de me conformer au règlement, qui m'accordait pour gardes quatre hommes pris dans la réserve, et je marchais escorté de mon clairon seul, lorsque mon général, piquant des deux, s'élança dans ma direction, et me fit à ce sujet une admonestation sévère. Pour l'adoucir, je pris mes quatre gardes et marchai sous leur protection, étonné de le voir entrer dans de si piètres détails, en un moment où ses préoccupations devaient s'élever si haut.

Après une halte assez prolongée au milieu de la plaine, et au moment où les premiers coups de feu venaient lui indiquer que le corps du général Bosquet commençait l'engagement, le maréchal Leroy de Saint-Arnaud, les traits abattus par la souffrance, la voix émue par le sentiment d'une responsabilité qui pouvait en ce jour engloutir sa fortune et sa gloire, mais le regard étincelant de fermeté et de confiance, le maréchal agitait son épée, et nous remettait en marche au cri de : Vive l'Empereur ! qui, répété par des milliers de voix et répercuté par les échos de la vallée, allait avertir les Russes de se tenir en garde.

Nous avancions peu à peu, mais voyant encore loin devant nous les hauteurs occupées par l'ennemi, nous marchions en pleine sécurité, tantôt admirant les sinistres effets des incendies allumés par les Russes sur des maisons isolées ou des meules de fourrage pour rompre la régularité de notre marche, tantôt nous égayant fort des lazzis de mes cinq hommes, quand tout-à-coup la fusillade retentit, les projectiles sifflent à nos oreilles et ricochent à nos côtés : c'étaient les tirailleurs ennemis qui, abrités en arrière de haies et de pans de muraille, échappaient à nos regards, et qui, déployés en avant de la rivière d'Alma, commençaient le feu à distance de mousqueterie. En un instant, nos visages passent de l'hilarité à la stupeur, et je vous l'avouerai, bien que j'eusse essuyé quelques années auparavant mon baptême de feu à Zaatcha, mon premier mouvement

fut de me cacher derrière un fossé voisin; mais la
raison surmontant aussitôt mon effroi passager,
je m'élançai en avant pour encourager mes tirailleurs de la voix et de l'exemple. C'est alors qu'un
spectacle étonnant frappa mes regards : de tous
côtés, dans les troupes en ligne comme en tirailleurs, je vis nos soldats se dépouiller spontanément de leur sac devenu trop gênant pour le combat, puis l'abandonner à la garde de la Providence, pour courir plus facilement à la victoire.
Action bien autrement sublime que celle du grand
Condé jetant son bâton de commandement dans
les fossés de Fribourg, car le prince en était quitte
pour acheter un autre bâton de maréchal, ce qui
lui coûtait bien peu, tandis que nos soldats aban-
donnaient du coup toute leur fortune, et se pla-
çaient dans l'alternative de vaincre ou de mourir
de faim et de misère (1).

(1) Il m'a été raconté par un officier faisant partie de la
3ᵉ division (prince Napoléon) que chez eux l'ordre avait été
donné de déposer le sac ; mais dans notre division, cet acte,
imité de quelques zouaves en tirailleurs, habitués au laisser-
aller des combats d'Afrique, se fit spontanément, sans opposition, sans autorisation préalable, et j'ai tout lieu de croire
que son exemple motiva l'ordre donné à la 3ᵉ division.
Je tiens aussi d'un autre officier qu'à la bataille de Ma-
genta, sa division reçut l'ordre de son général de déposer le
sac. Cette méthode, si elle offre quelques avantages en allé-

A notre approche, les tirailleurs ennemis bat-
tent en retraite, se repliant en toute hâte au-delà
de la rivière sur un régiment détaché des lignes
ennemies, et qui, placé au pied des hauteurs, était
chargé de les protéger et de défendre le passage
de l'Alma. Nous avions franchi sur leurs traces
les berges escarpées de la rivière, et nous explo-
rions en tous sens le petit bois qui couvrait ses
deux rives, quand, caché derrière une maison
ruinée, l'un d'eux apparaît tout-à-coup à vingt
pas d'un chasseur de ma compagnie ou de la vôtre, car nos deux compagnies déployées étaient
en ce moment assez mélangées. Chacun d'eux
s'arrête face à face, frappé de stupeur et d'effroi.
Le premier moment de surprise passé, rappelés
l'un et l'autre au sentiment du danger, ils jettent
les yeux sur l'arme gardienne de leur existence,
et les relèvent pleins d'anxiété : toutes les deux

geant le soldat, ne présente-t-elle pas de funestes inconvé-
nients, quand on envisage l'issue de la lutte quelle qu'elle
soit ? Dans la victoire, n'est-ce-pas détruire la possibilité de
poursuivre l'ennemi, et dans la défaite, n'est-ce pas s'exposer
à un de ces désastres qui décident du sort d'un empire? On
conçoit à la rigueur qu'un général ne s'oppose pas à cette
action spontanée de ses soldats, bien qu'il se rende coupa-
ble ; mais qu'il la prescrive, c'est une aberration qui peut
précipiter son armée et son pays dans un abîme de mal-
heurs.

sont déchargées, et chacun se croit à la merci de son adversaire. Cependant, le chasseur, enhardi par l'immobilité inexplicable de son antagoniste, se dispose à charger en se faisant petit, et cette action indiquant au Russe leur embarras réciproque, celui-ci charge également son arme. Chacun d'eux observant alors avec soin tous les mouvements de son ennemi, rivalise de rapidité, car sa vie en dépend, et, tandis que le Russe, fidèle à ses principes, remet consciencieusement sa baguette dans le canal, le chasseur, la laissant tomber à ses pieds, le couche en joue et le tue.

Sur notre gauche, le régiment ennemi, placé au pied des hauteurs, était rangé en bataille, et faisait face aux bataillons de la 3° division. Afin de dégager le passage qu'il avait à défendre, le prince Napoléon réunit ses deux batteries, qui vomissent la mitraille de leurs canons sur ce malheureux régiment, lequel, foudroyé par des décharges meurtrières, se débande, s'éparpille, et dont les débris dispersés cherchent à se rallier sur les lignes qui couronnent le sommet du plateau. Durant cette déroute, un zouave poursuit sur la déclivité du sol un Russe échappé au massacre, et remontant avec peine la pente escarpée. Ce der-

nier, pour se soustraire à la poursuite, fait volte-
face, et décharge son arme sur son ennemi ; mais
soit que, dans sa précipitation, le coup fût mal
dirigé, soit que, comme vous l'avez mentionné,
le tir à courte distance porte toujours trop haut,
le zouave reste debout, et sans user de représail-
les, sans paraître interdit par un acte qui devait
lui coûter la vie, court sus au Russe stupéfait et le
fait prisonnier. J'ai rappelé cet épisode parce qu'il
me paraît digne de figurer dans vos citations
comme un exemple de calme et de magnanimité.

Pendant que s'accomplissait cet acte de destruction, nos tirailleurs, abrités derrière de petits
murs, en attendant que les colonnes eussent franchi la rivière à leur tour, envoyaient leurs projectiles tantôt sur les fuyards, tantôt sur le sommet
de la hauteur. Là, apparaissait sur la crête un
officier général coiffé d'un claque au panache éclat-
tant de blancheur, et monté sur un coursier aux
formes élégantes. L'honneur de l'abattre excitait
entre nos tirailleurs une grande émulation ; mais
malgré tout leur zèle, aucun d'eux ne fut assez
adroit pour le démonter, car ce fut l'œuvre d'un
boulet de canon tiré d'une de nos batteries. Plus
tard, lorsque nous arrivâmes sur la hauteur, nous

aperçûmes le coursier gisant sans vie sur le sol, le flanc ouvert par la vaste trouée du projectile; mais qu'était devenu son cavalier? Avait-il été atteint mortellement du coup qui avait frappé sa monture? avait-il été relevé sanglant et emporté loin du champ de bataille, ou avait-il été assez heureux pour échapper à la mort? C'est ce qui resta inexpliqué.

Les colonnes ont franchi la rivière, et les tirailleurs gravissent les pentes escarpées qui montent au plateau. C'est alors que j'ai tout le loisir d'admirer le calme et le sang-froid de mon brave capitaine, marchant à l'ennemi une jumelle sur les yeux, et suivant en touriste imperturbable tous les mouvements de nos adversaires. Des observateurs rigoureux du devoir militaire trouveraient peut-être qu'il s'occupait peu de la direction de sa compagnie, mais ils rendraient du moins un juste hommage à sa bravoure calme et réfléchie, la seule qui puisse rendre de vrais et sérieux services, car du plus ou moins de lucidité d'esprit sur un champ de bataille dépend la victoire ou la défaite. (1)

(1) Au moment où, blottis dans le bois, nous tiraillions sur les Russes, nous entendîmes derrière nous la sonnnerie : *En retraite!* faite par ordre de votre lieutenant, je crois, dont la

Nous sommes sur la crête, et nous faisons halte en face des lignes ennemies régulièrement formées en bataille. Nos hommes, pour éviter les coups de feu des Russes, s'accroupissent et se retranchent derrière le versant comme derrière un rempart, et envoient avec précision leurs balles dans les rangs de nos ennemis, tandis que les projectiles de ceux-ci passent au-dessus de nos têtes. En face de nous, à cent pas à peine, nous voyons courir devant le front d'une compagnie un jeune officier, un adolescent de 18 à 20 ans, semblant encourager sa troupe à la fermeté et à la constance par ses conseils, ses exhortations et son exemple. Brave jeune homme ! comme il excitait notre admiration et notre sympathie ! Mais, hélas ! nos aveugles projectiles ne respectaient ni le courage ni le dévouement, et bientôt nous le voyons tomber frappé à mort, enlevé trop prématurément aux douceurs d'une existence peut-être princière en Russie, et peut-être aussi à l'affection d'une famille éplorée qui fondait sur lui de grandes espérances.

compagnie était plus en arrière que la nôtre, et qui voulait sans doute rallier à sa ligne ceux de ses tirailleurs qui étaient confondus avec nous. Saisi d'indignation, mon capitaine ordonna aussitôt la sonnerie : *En avant !* pour rétablir la confiance que la distraction et l'imprudence de votre lieutenant avaient déjà ébranlée.

Au même moment, tombait à mon côté un de
vos sergents, vieux soldat chevronné dont vous
avez sans doute gardé la mémoire. Le malheureux
était frappé d'une balle à la gorge. Je le vis, les
yeux éteints, roulant dans leurs orbites, porter,
par un mouvement convulsif, sa main crispée à
la blessure mortelle, comme pour en extirper le
projectile, puis tomber inanimé en versant des
flots de sang.

A quelques pas plus loin, un soldat était frappé
par un boulet qui lui enlevait la partie supérieure
du crâne en nous éclaboussant de sa cervelle, et
l'infortuné tombait à mes pieds, la tête circulai-
rement échancrée dans la forme du boulet meurtrier.

Il n'y avait plus d'ordre dans nos colonnes : tirailleurs et troupes de ligne se confondaient en
arrivant sur la crête, et s'amoncelaient pêle-mêle
en une masse informe, composée de tous les corps
d'infanterie agglomérés dans une profondeur immense, et tirant au hasard par-dessus les têtes. Si,
dans ce moment, un choc fût venu heurter cette
tourbe qui ne pouvait se mouvoir pour se mettre
en défense, nous étions précipités sans espoir de
retour au fond de la vallée; mais par bonheur les

Russes, troublés au point de se former en carré contre l'infanterie, ne pouvaient discerner la confusion qui régnait parmi nous. Se présenter à eux dans ce désordre extrême était plus que téméraire, c'était dangereux, et c'est alors que le général Canrobert, frappé du péril auquel nous étions exposés, apparaissait devant nous, à cheval, sur la crête, et nous arrêtait autant par le signe impératif de son épée nue, que par l'expression éloquente de son regard anxieux, puis ordonnait aux officiers de reformer leurs bataillons. Heureusement, vers notre droite, le corps du général Bosquet gagnait du terrain sur le plateau, et l'ennemi, contraint par lui d'exécuter un mouvement général de conversion en arrière sur son aile droite, pour éviter d'être tourné, dégageait notre centre, et nous permettait ainsi de reformer nos lignes avec facilité.

A mesure que l'ennemi s'éloignait, nous avancions peu à peu sur le plateau. Les mourants et les blessés jonchaient le sol que nous foulions, et, à notre approche, la terreur semblait contracter leur visage, fruit, sans doute, de la calomnie répandue à dessein sur nos coutumes guerrières pour exalter leur courage ; mais quand nos soldats compatissants tendaient à ces infortunés leurs bidons secourables, un éclair de reconnaissance brillait dans leurs yeux attendris, la confiance renaissait dans leur âme égarée.

Sur notre gauche, nous apercevions le télégraphe, théâtre d'un sanglant combat : Français et Russes s'en disputaient à l'envi la conquête, et nous vîmes enfin ces derniers précipités du haut de cet observatoire, puis courir éperdus se rallier aux bataillons en retraite.

L'artillerie ennemie causait de grands ravages dans nos rangs. Jusque-là, nos batteries, occupées à franchir les berges profondes de la rivière d'Alma et à escalader les escarpements abruptes des hauteurs, n'avaient pu suivre les mouvements de l'infanterie qui avait toujours combattu sans elles. Tout-à-coup, elles apparaissent sur le plateau au galop de leurs chevaux couverts d'écume : une immense clameur de joie, poussée par vingt mille poitrines, s'élève dans les airs, et les visages rayonnants respirent la confiance avec la certitude de la victoire.

Les pièces sont mises en batteries, et commencent leur œuvre de destruction dans les rangs de nos ennemis, les bataillons sont reformés; les lignes de bataille sont reliées entre elles, notre bataillon est placé en arrière d'une de nos batteries pour la protéger. Dans cette position périlleuse où nous demeurâmes longtemps, les boulets passaient avec un sinistre fracas au-dessus de nos têtes, quand ils n'emportaient pas des rangs entiers dans leur course furieuse et sanguinaire, et en lisant vos appréciations sur les divers effets de la crainte, de la peur, du sentiment de conservation, je retrouvai certains traits que j'avais alors remarqués dans l'esprit de ces êtres animés menacés de passer en un instant de la vie au trépas.

L'armée russe plie sous la pression de nos coups multipliés; la bataille s'éloigne de plus en plus; notre protection n'est plus nécessaire à la batterie qui nous était confiée, et nous reprenons notre place de bataille à la droite de la brigade. Sans doute, la cavalerie ennemie va tenter son dernier, son suprême effort, et toutes les dispositions sont prises pour former nos bataillons en carré. L'enthousiasme, l'orgueil du triomphe avaient en ce moment élevé notre énergie à son paroxysme : nous appelions de tous nos vœux ces charges de cavalerie si terribles; nous brûlions de nous mesurer avec cette arme redoutable, l'ennemie natu-

relle de l'infanterie, et animés d'une confiance
sans limites, doublée d'une force morale invincible, nous ne doutions point du succès. Les vœux
que nous formions ne furent point exaucés.

Les Russes sont enfin en pleine retraite ; nos
canons les poursuivent un instant de leurs projectiles, puis, comme dernier adieu, nous ne voyons
plus, du côté des Anglais, que des fusées décrire
dans les airs leurs paraboles majestueuses, et,
semblables à des météores éphémères, laisser derrière elles de longues traînées de feu.

Nous nous établissons dans les campements mêmes de l'armée russe en fuite ; mais avant de dres-
ser nos tentes, il nous faut revenir sur nos pas
pour reprendre nos sacs abandonnés dans la plaine,
et je suis désigné pour y conduire nos hommes.
En repassant sur ce champ de bataille que, dans
la chaleur de l'action, j'avais à peine remarqué,
je me demandais par quels prodiges de valeur
nous avions conquis ces positions formidables. Je
me disais aussi que, abandonner son sac avec sa
fortune était un acte héroïque sans doute, mais
téméraire, car si en ce moment, comme Bona-
parte à Marengo, le prince Menschikoff faisait un
retour offensif, c'en était fait de l'armée alliée, qui

passait subitement de l'orgueil de la victoire à la honte de la défaite; mais, par bonheur, le jour tombait, l'armée vaincue fuyait démoralisée, et ne pouvait compter, pour la sauver, sur l'inspiration d'un autre Desaix.

II

Trois jours après, les armées alliées se remettaient en marche, et venaient camper sur les bords de la Katcha, puis sur ceux du Belbeck. Le mouvement tournant qu'elles exécutaient autour de Sébastopol était plein de périls et hérissé de difficultés : notre division, formant l'extrême arrière-garde, n'employa pas moins de quinze heures pour franchir au travers de vallées profondes, de bois touffus, de chemins étroits, l'espace de quatre lieues qui séparait le Belbeck de la ferme de Mackensie. Arrêtés par les obstacles de toute nature qui s'opposaient à la marche régulière de nos convois, de notre matériel, et surtout de l'immense bagage de nos alliés les Anglais, nous faisions, au milieu des bois, des haltes aussi fréquentes que prolongées, et il était onze heures du soir que nous n'avions pas encore rejoint le gros de l'armée française au *camp de la soif,* ainsi nommé par nos soldats à cause de la privation d'eau dont ils eurent à souffrir. La nuit était sombre, le temps chargé d'électricité et l'orage s'annonçait par des éclairs et des coups de tonnerre que les échos des bois rendaient encore plus retentissants; un profond silence qu'interrompait seul le bruit monotone de son pas cadencé, régnait dans la colonne, quand tout-à-coup un homme, ou plutôt une ombre, sortant d'un épais fourré, se glisse au milieu du chemin étroit que nous parcourions, et, armant son fusil en croisant la baïonnette, s'écrie moitié français, moitié anglais : Francis ou Cosaques? C'était un de nos alliés que l'obscurité avait, sans doute, séparé de ses frères, et qui, égaré dans ces bois, ne craignait pas d'arrêter seul une armée tout entière. L'immense éclat de rire qui répondit à sa provocation suffit, sans doute, pour l'éclairer sur la nationalité de l'armée qui s'avançait, car, sans se départir de son flegme britannique, il désarmait aussitôt son arme, puis il prenait place dans la colonne et marchait dans nos rangs.

Le lendemain, nous franchissions la Tchernaïa, et nous campions sur les plateaux où fut livrée plus tard la bataille de Traktir; puis après nous être établis pendant quelques jours dans la plaine

de Balaclava, et avoir opéré plusieurs reconnaissances autour de Sébastopol, nous prenions définitivement position sur le plateau de Kersonèse.
Les opérations du siége n'étaient pas encore com-
mencées ; des avant-postes jetés sur les points
culminants des plateaux que nous occupions sur-
veillaient les abords de la ville, que nous allions
assiéger, et les mouvements de sa garnison. Entraînés par la curiosité, S... et moi, nous avions
quitté notre campement pour nous diriger vers
Sébastopol, et, sans nous en rendre compte, sans
avoir été aperçus par les sentinelles, nous avions
dépassé de trois ou quatre cents mètres la ligne de
nos avant-postes, quand sur le sommet d'une émi-
nence, nous nous arrêtons soudain, saisis d'admiration à la vue du panorama splendide qui se dé-
roule à nos pieds : Sébastopol avec ses maisons
blanches, ses édifices orientaux, ses casernes immenses, ses forts redoutables, s'étageait en amphi-
téâtre sur le versant d'une colline escarpée comme pour se mirer coquettement dans les eaux
calmes et limpides d'une rade et d'un port gran-
dioses, du sein desquels semblait surgir une flotte
imposante dont la mâture svelte et élégante s'é-
lançait majestueusement dans les airs. Nous ad-

mirions ce beau spectacle, et absorbés dans la con-
templation, nous n'avions pas remarqué à 50 mètres en avant de nous, sur l'extrême crête de la
colline, une excavation qu'abritait un petit rempart de terre fraîchement remuée, et qui constituait une embuscade ennemie. Tout-à-coup, six
hommes armés, surgissant à l'improviste, s'élancent dans notre direction en poussant des cris sau-
vages. Surpris par cette apparition inattendue,
nous sommes frappés d'hallucination, mais la raison réagissant aussitôt, nous prenons la fuite pour
nous dérober, par une course effrénée, à l'agression de nos ennemis. Ceux-ci, qui ne nous avaient
laissé avancer sans opposition que pour s'emparer
de nos personnes, voyant leur proie leur échapper, s'arrêtent et font feu sur nous sans nous atteindre ; puis, pendant qu'ils rechargent leurs armes, nous gagnons assez de terrain pour nous
mettre à l'abri de leur poursuite et de leurs coups,
heureux d'avoir échappé si miraculeusement au
danger que la curiosité nous avait fait courir.

Ce danger me remet en mémoire celui que nous
avions évité un mois auparavant dans le port de
Varna, et auquel, moins heureux que nous, une
centaine de nos soldats n'avaient point échappé.

C'était le 1er septembre : l'armée française s'embar-
quait sur les rivages de la Crimée. Le *Charlemagne*,
le *Napoléon*, le *Jean Bart*, le *Montebello*, le *Henri IV*,
etc., bâtiments à deux et trois ponts, recevaient
à leur bord, dans un mouillage éloigné de la côte,
les troupes que des chalands, des canots, des chaloupes prenaient aux quais d'embarquement, inabordables pour les gros navires. Cette multitude
de barques, conduites par des rameurs, sillonnait
en tous sens les eaux du port, se croisant, s'en-
trecroisant dans un désordre pittoresque, et pour
que l'embarquement pût s'effectuer avec plus de
célérité, de légers avisos, voguant à travers la
mêlée, en remorquaient un grand nombre par la
puissance de leur vapeur. Montés sur un canot,
nous avancions lentement sous l'impulsion de nos
avirons, en contemplant ce spectacle fantastique,
quand l'un de ces bateaux, lancé à toute vitesse,
menace soudain de nous engloutir. Notre pilote,
par un coup vigoureux de son gouvernail, évite
le choc du navire dont nous rasons le flanc; mais
derrière nous s'avance un chaland moins mobile
chargé de zouaves armés et équipés qu'il prend
par le travers, qu'il heurte, qu'il submerge, et
qu'il précipite corps et biens dans les flots. L'a-

viso, dont le choc avait déjà ralenti la vitesse, stoppe aussitôt pour opérer le sauvetage, de concert avec les embarcations voisines, qui ne peuvent recueillir à leur bord que quelques naufragés. L'un d'eux, se débattant sous le poids du fardeau qui l'écrase, reparaît à la surface des eaux. Saisi à la courroie de son sac par un crochet lancé du navire par une main habile, on le hisse, on l'élève graduellement au-dessus de l'abîme ; déjà il touche au bastingage, ses traits renaissent à l'espérance, il est sauvé, quand le faible lien qui l'attache encore à la vie, se brisant tout-à-coup sous le poids de son corps, il est de nouveau plongé dans le gouffre, où il disparaît pour toujours.

III

Notre division, à l'assaut du bastion central (1), le 8 septembre, était ainsi composée :

Général de division Levaillant.

(1) Le bastion central n'était pas un bastion proprement dit, et n'avait dû tirer cette dénomination que par la grande importance de ses travaux : c'était un redan flanqué de deux lunettes circulaires. Celle de gauche (côté russe) était reliée au bastion du Mât par une longue courtine brisée faisant retour en arrière ; celle de droite s'appuyait en arrière au mur crénelé qui se prolongeait jusqu'au bastion de la Quarantaine. Par rapport aux Russes, c'était le centre de la face de droite que nous devions attaquer.

1ʳᵉ brigade. — Général Trochu, 9ᵉ bataillon de chasseurs à pied, 21ᵉ de ligne, 42ᵉ de ligne.

2ᵉ brigade. — Général Couston, un régiment l'infanterie légère, 46ᵉ de ligne.

La première brigade était scindée en deux, ainsi que le bataillon de chasseurs, dont les deux détachements marchaient en tête de chaque colonne. Le commandant marchait avec l'un; vous commandiez l'autre. Cette brigade, ainsi divisée, avait pour mission d'attaquer à gauche la lunette, au centre la face du bastion; je marchais en tête de cette dernière colonne avec un détachement de 75 volontaires, constitué en compagnie commandée par un capitaine, un lieutenant, un sous-lieutenant.

La 2ᵉ brigade tout entière devait attaquer, à droite, le saillant du bastion (1).

(1) La première brigade (général Trochu) était scindée en deux ou en trois, si les quatre compagnies de gauche que vous commandiez agissaient isolément. Dans ce dernier cas, vous deviez vous porter avec votre petite colonne, soit sur le saillant de la lunette de droite (côté russe), soit sur sa face droite et *vice versâ* pour le régiment qui devait attaquer cette lunette de concert avec vous. L'autre régiment de la 1ʳᵉ brigade, ayant en tête de colonne les quatre compagnies de droite, devait attaquer le centre de la face de droite, et la 2ᵉ brigade tout entière devait pénétrer par le saillant. La face gauche et la lunette qui regardaient le bastion du Mât restaient inattaquées. Dans le conseil auquel vous avez assisté

7

Ces différentes colonnes devaient se porter simultanément en avant au signal de la berloque,

en qualité de commandant d'une colonne, s'il fut question
d'une face restant inattaquée, ce ne put être que de la face
gauche, et cela ce conçoit quand on considère la structure
du bastion : en pénétrant par la lunette de droite, la face
droite et le saillant, on prenait naturellement à revers la
face gauche et sa lunette, qui tombaient d'elles-mêmes. Attaquer ces deux points était donc une effusion de sang inutile ; je dirai plus, c'était un mouvement nuisible à l'exécution
du projet ultérieur, puisque, le bastion central en notre pouvoir, les trois colonnes d'assaut renforcées d'une division devaient se porter sur le bastion du Mât en le tournant par la
gorge, tandis qu'une autre division française suivie d'une
brigade sarde devait l'attaquer par le saillant. Or, le mouvement de conversion que nous devions exécuter de gauche à
droite pour tourner ce bastion, n'aurait-il pas été entravé
par celui des colonnes débouchant de la face et de la lunette
de gauche sur lesquelles nous devions pivoter? Pour opérer
cette combinaison, nous ne pouvions exécuter d'autre manœuvre que celle que je vous ai indiquée. D'autre part, comment voulez-vous que, tandis que nous vous laissions seuls,
un régiment et vous, attaquer la lunette de droite, une brigade et demie attaquât la face et la lunette de gauche, laissant libre entre elle et vous toute la face droite, longue de
près de 150 mètres : c'était par là couper tout lien, toute communication entre nous, laisser la possibilité de nous tourner
l'un ou l'autre s'il franchissait cette ouverture, annihiler le
commandement et la direction du général ; enfin nous mettre face à face, et nous exposer ainsi à nous fusiller récipro-
quement, au plus grand triomphe de nos adversaires. Cer-
tes, si nous avions dû rester sur la berme ou le glacis, ainsi
qu'il est arrivé, nous ne nous serions jamais trouvés en présence ; mais comme l'attaque avait pour but la prise du bastion, le premier mouvement de nos colonnes, en y pénétrant,
étant de se porter naturellement droit devant elles, il est
évident que nous devions nous rencontrer face à face sur un
point quelconque de l'ouvrage. Tout en nous reconnaissant

sonnée par le clairon aux ordres du général de
Salles, commandant le 2ᵉ corps de siége, qui dirigeait ce jour-là l'assaut des ouvrages de l'attaque de gauche.

Ce que vous avez dit sur l'instinct de conservation et sur les sentiments qu'il engendre, trouve
son application dans cette affaire. Vous n'avez pas
oublié sans doute le vent furieux qui soufflait ce
jour-là, et tandis que, à Malakoff, il se montrait
si favorable aux assaillants, de notre côté, emportant les échos dans une direction contraire, il
s'opposait à ce que notre brigade perçût la son-

pour frères, nous pouvions, par la direction normale des
projectiles, nous fusiller par mégarde, et, dans tous les cas,
le mouvement de conversion dont j'ai parlé plus haut était
forcément entravé. Mon premier récit était donc exact, sauf
le mot courtine que j'ai employé improprement pour le mot
face.

Vous me demandez si les défenseurs du bastion du Mât ne
tiraient pas sur les troupes amoncelées qui couvraient l'extérieur du retranchement. Ils ne pouvaient tirer sur elles,
puisqu'ils ne les voyaient pas. Et c'est une raison nouvelle
qui décide en faveur de mon assertion sur les véritables
points d'attaque : en attaquant la lunette et la face de gauche, nous étions exposés en partie aux feux de revers et
d'enfilade du bastion du Mât, tandis que, par la face et la lunette opposées, placés sur un plateau qui commandait
toute la partie gauche et éloigné de ses feux, nous étions à
l'abri de tout feu de flanc. D'ailleurs, aurait-il été possible
à ces colonnes en désordre de se maintenir si longtemps sur
la berme, le glacis ou dans le fossé, si elles avaient été prises à dos par le bastion du Mât?

nerie de la berloque en même temps que la seconde. Celle-ci, qui entend distinctement ce signal,
s'élance sur le saillant, mitraillée par le feu de
toutes les batteries russes qui reprennent soudain
leur tir, tandis que notre brigade, qui devait attaquer en même temps, reste dans nos tranchées.
Cette décharge inattendue de toutes ces pièces
restées muettes depuis le matin, démoralise les
soldats de nos deux premières colonnes au moment de se porter à l'assaut, et transforme en
épouvante la confiance dont ils étaient animés à
la vue de ces batteries démantelées, de ces canons
égueulés, de ces parapets en ruine qu'ils avaient
crus abandonnés de leurs défenseurs. Quelques
minutes après, nos clairons répétaient la sonnerie,
et nos deux colonnes franchissaient les parapets
à leur tour; mais déjà l'entraînement, l'énergie,
la volonté de vaincre avaient disparu : ce n'é-
taient plus des combattants oublieux de leur in-
dividualité et courant à la victoire, ce n'étaient
que des mortels animés de l'esprit de conservation et tremblant pour leurs jours.

Au signal tardif du clairon, les premiers, les volontaires que je commandais, ceux-ci armés, ceux-
là portant des échelles qui doivent servir à l'es-

calade, se portent sur les points d'attaque. Le
plus grand nombre est frappé de mort, et j'ar-
rive sur le glacis avec sept hommes et une échelle.
Nous tombons dans le fossé, convaincus que la
colonne assaillante marche sur nos traces ; mais
celle-ci, broyée par la mitraille, à demi détruite
par les éclats de plusieurs fougasses-pierriers, flotte
incertaine, aveuglée sur la direction qu'elle doit
suivre, et se jette sur la droite vers le saillant, où
elle va confondre son attaque avec celle de la 2ᵉ
brigade. Nous sommes donc huit au fond d'un
fossé de cinq mètres de profondeur, abandonnés
des hommes, mais couverts d'une céleste protection. Après dix minutes, dix siècles de vaine attente, effrayé de notre isolement, je veux remon-
ter les degrés de l'échelle pour m'assurer de quel
côté étaient les nôtres; mais mes sept compagnons d'infortune, trompés sans doute sur mes
intentions, se précipitent spontanément au-devant
de moi, me suppliant de ne les point abandonner
en ce moment suprême, et en remettant à mon
honneur le soin de leur existence. Je les rassurai ;
puis, entendant à ma droite les coups de feu
et les clameurs frénétiques qui constituaient le
combat, je leur recommandai de longer le fond

du fossé, en rangeant l'escarpe le plus près possible, pour éviter le choc mortel des blocs de pierres que les Russes faisaient rouler au-dessus de nos têtes. Quelques instants plus tard, nous avions rejoint notre colonne. Je n'ai pas voulu omettre ce petit fait, qui a bien son caractère, et qui peut vous être utile pour démontrer que, dans le danger, les soldats se placent d'eux-mêmes sous la discipline, et sentent le besoin d'obéir à un seul.

En arrivant au saillant du bastion où les deux colonnes réunies agissaient désormais de concert, je montai sur la berme du retranchement pour y voir de plus haut. Sur le glacis, le général Trochu, l'air soucieux et inquiet, semblait s'orienter et déplorer la mauvaise direction qu'avait suivie sa colonne, dont la fausse manœuvre laissait la face du bastion sans attaque. Puis, tournant mes regards ailleurs, je vis de tous côtés, sur le glacis, au fond du fossé, sur la berme, devant le talus extérieur, une masse immobile, proférant les cris répétés de : *En avant !* interrompus par intermittence, mais restant néanmoins clouée sur place, sans faire un pas pour franchir le parapet. On tiraillait, mais au hasard; personne n'osant se découvrir, tous les coups portaient au-dessus du re-

tranchement, et se perdaient dans l'espace. Du
glacis où le frappait ce spectacle navrant, le général Trochu donnait des ordres, quand un biscaïen, l'atteignant au mollet, l'obligeait de s'éloigner du champ de bataille.

Cependant, il n'était peut-être pas impossible
de ranimer cette foule épouvantée, et un mot, un
geste, un exemple jeté tout-à-coup au milieu
d'elle, pouvait peut-être secouer la torpeur qui la
tenait galvanisée. Ce fut un trait de lumière ; et,
saisissant le fanion de mon bataillon, je l'agitai sur
le rempart aux cris de : Vive la France ! vive
l'Empereur ! Quelques : *En avant!* répondirent à
mon appel ; mais, soit que ma voix ne fût pas assez autorisée, soit que l'expression de mon visage ne réflétât pas énergiquement les sentiments
intérieurs qui m'inspiraient, je ne pus triompher
de la crainte qui paralysait cette masse immobile,
et pour donner un dernier et salutaire exemple,
je franchis le parapet et entrai dans la première
batterie. Là, une centaine des plus résolus parmi
ceux qui y étaient entrés avant moi, restaient encore debout. Quelques-uns, abrités derrière la traverse qui fermait la gorge, faisaient le coup de
feu avec les Russes, repoussés dans les ouvrages

postérieurs, tandis que d'autres, debout sur le terre-plein de la batterie, attendaient les événements, et que le plus grand nombre s'était réfugié dans une casemate assez profonde que les Russes s'étaient creusée dans la masse couvrante. Parmi ceux-ci, j'aperçus V..., qui, comme le groupe dont il faisait partie, avait cru sans doute préserver sa vie en s'abritant sous ce réduit.

Les Russes, en cette rencontre, semblaient, contre l'habitude, combattre avec plus d'énergie que les nôtres. On les voyait volontiers à découvert, et ajustant avec assez de précision. Avant mon arrivée, il y avait eu combat meurtrier même, car le terre-plein de la batterie était semé de cadavres russes et français. Du reste, D..., mon lieutenant, qui pourra vous donner à cet égard des renseignements authentiques, D..., que je rencontrai là et à qui je serrai la main, me raconta le soir même comment il avait échappé à la fois miraculeusement et grotesquement aux mains d'un Russe pendant ce combat : ce dernier se précipitait sur lui la baïonnette menaçante, et D..., pour éviter la mort, faisait un mouvement de recul ; ses jambes rencontrent un obstacle, il trébuche, le Russe va lui percer le flanc. D'une voix suppliante, accom-

pagnée d'un geste de main amical, il lui dit par
habitude le mot arabe : *Chouïa, chouïa!* et, soit
que le Russe fût désarmé par cette touchante
prière, soit plutôt qu'il fût menacé lui-même,
l'arme prête à donner la mort s'éloigne et res-
pecte les jours de mon lieutenant.

Il y avait quelque temps déjà que j'étais entré
dans la batterie ; nous restions inactifs, sans pouvoir pousser en avant, vu notre petit nombre,
lorsque les Russes, encouragés par notre inaction,
escaladent leurs traverses, nous menaçant à la
fois de front et de flanc. Ce mouvement offensif
détermina notre retraite de la batterie, mais les
imprudents qui avaient cru préserver leur vie en
s'abritant dans la casemate, ne pouvant se dégager
assez promptement par suite de l'accumulation,
furent fusillés sans pitié, et trouvèrent la mort
qu'ils voulaient éviter : ce fut ainsi que V... fut
recueilli blessé, et mourut en captivité, victime
de sa témérité. Tous ceux qui purent repasser le
parapet revinrent grossir les rangs de la colonne
qu'il abritait. Cette retraite précipitée jette un
nouveau trouble dans cette masse déjà trop épouvantée, et chacun cherche à regagner le glacis
en se cramponnant aux aspérités des talus, aux

7.

échelles dressées dans le fossé, en grimpant les uns sur les autres, etc., etc. Du haut de la berme une voix s'écrie : Face par ici, ou nous sommes perdus! Cette menace arrête un instant les fuyards, qui se retournent vers le parapet ; mais en mesurant de l'œil la hauteur du retranchement qu'ils n'ont point osé franchir, tout espoir les abandonne, et chacun fuit vers nos tranchées. Heureusement, le clairon sonnait la retraite en cet instant, et la honte de la déroute fut sauvée par l'apparence d'une retraite ordonnée.

IV

L'engagement du 1er au 2 mai, objet de votre dernière question, est la répétition du même désordre, justifié toutefois dans ce combat par l'appréhension naturelle que l'obscurité de la nuit inspire aux combattants. Pourtant, je dois le dire, si dans ces luttes quotidiennes que nous soutenions devant Sébastopol, des troupes ont marché avec ensemble, spontanéité et à la voix de leurs chefs, c'est bien certainement durant cette nuit glorieuse, dans la compagnie du capitaine V... Trois fois ces braves soldats, entraînés à notre appel, nous ont suivi comme un seul homme sur les remparts en-

nemis, ont combattu comme des lions, à coups de
fusil, de crosse, de pierres ou de baïonnette; mais
aussi ont-ils payé chèrement de leur sang l'audace
de leur noble conduite, car la moitié d'entre eux
fut mise hors de combat.

Les détails que vous me demandez sont diffi-
ciles à donner sur cette affaire : il faisait nuit, et
bien que la lune resplendît au firmament, il me
fut impossible d'embrasser tous les détails de l'action, comme je le fis en plein jour au bastion central. J'ajouterai que la clairvoyance me faisait défaut pour apprécier sainement toutes les péripéties
de la lutte : dans les combats de nuit, l'obscurité,
en couvrant la vue d'un voile épais, atteint
l'homme à la fois dans ses facultés physiques et
morales : sans la vue, l'intelligence, l'inspiration,
l'initiative flottent au milieu des ténèbres de l'esprit, sans pouvoir s'y fixer; les impressions sont
plus sensibles et plus vives; la confiance, la résolution, l'énergie sont paralysées, et le courage
qui tient à la nature humaine est lui-même im-
puissant pour triompher de la terreur secrète que
la nuit inspirera toujours à l'âme la mieux trem-
pée.

Pour vous satisfaire cependant, je vais fouiller

dans les souvenirs confus qui ont toujours erré
vaguement dans ma mémoire à l'égard de cette
action, pour vous fournir les détails dont vous êtes
avide; mais d'abord, pour bien vous en rendre
compte, il est nécessaire, je crois, que nous jetions
un coup d'œil sur l'ensemble de l'opération.

Sur le petit plan que je vous ai envoyé, vous
voyez figurer deux doubles lignes pointées partant de la lunette de gauche pour aller aboutir aux
extrémités de la tranchée au milieu de laquelle
fut élevée plus tard cette batterie 53, où nous
avons si souvent monté la garde ; cette sorte de
trapèze constituait l'ensemble des ouvrages dits
du 2 mai. Les lignes pointées figurent les deux
tranchées russes qui, partant de la lunette, re-
liaient au bastion central la série d'embuscades
que nos ennemis, à la faveur d'une tolérance ins-
pirée par le désir d'épargner le sang précieux que
nous versions chaque nuit pour la conquête de ces
ouvrages secondaires, que nos ennemis, dis-je,
avaient reliées entre elles, de manière à former en
avant du bastion une nouvelle ligne couvrante qui
augmentait encore les difficultés de nos approches.
Pour empêcher le développement de cet ouvrage
qui prenait chaque nuit des proportions plus alar-

mantes, le général Canrobert, cédant aux instances du général Pélissier, donna enfin l'autorisation de l'enlever, après avoir longtemps refusé son adhésion, dans le but d'éviter les pertes cruelles que d'incessants combats nocturnes nous causaient par leur multiplicité.

En conséquence, le 1er mai, vers dix heures et demie du soir, une première colonne composée de trois bataillons de la légion étrangère, sous les ordres du général Bazaine, sortant de la troisième parallèle, à la gauche de la batterie 42, doit se porter à l'attaque de la tranchée de droite (côté russe); tandis qu'une deuxième colonne composée de trois bataillons du 46e, sous le commandement du général de Lamotterouge, sortant de la tranchée entre la batterie 34 et la batterie 42, doit aborder la position de front, et qu'une troisième petite colonne composée d'une compagnie du 9e bataillon de chasseurs à pied et de deux compagnies du 42e de ligne, sortant de la vaste tranchée qui longeait la crête du ravin central, situé à droite de la batterie 40 et au-dessus des grottes, devait attaquer la tranchée de gauche qui reliait l'ouvrage aux traverses de la lunette, laissant d'abord le combat s'engager à la gauche et au centre.

Or, depuis dix minutes environ, le bruit de la mousqueterie et de la canonnade, mêlé aux clameurs des combattants, retentissait avec fureur, et indiquait que le moment était venu de nous porter à l'assaut. Notre compagnie, rangée en bataille dans la tranchée et marchant en tête des deux autres, est entraînée à la voix de ses chefs placés devant son front. Nous sortons de notre retranchement, longeant au pas de course la crête du ravin, et nous nous portons vers le milieu du boyau de communication que nous devions attaquer. Aucun défenseur ennemi n'apparaissait sur le parapet, mais en jetant les yeux dans la tranchée, nous vîmes distinctement les Russes s'agiter, se mouvoir, effarés, serrés, pressés, ne sachant quel usage faire de leurs armes, la plupart tenues verticalement et hérissant la crête du parapet. Nos hommes font feu, mais la position de haut en bas ne leur permet pas de tirer avec justesse, et leurs coups passent au-dessus de la tête des Russes; ils saisissent leurs crosses, qui s'abattent çà et là sur une tête ou sur le sol; nous frappons de la poignée du sabre ; nous nous armons de pierres que nous lançons avec force au milieu de groupes épouvantés, cherchant à fuir en escala-

dant le parapet, quand il nous semble que vers
la droite, débouchant du bastion, une colonne ennemie s'avance et menace notre flanc. Notre compagnie était seule engagée, les deux autres, qui
n'avaient pas suivi notre mouvement, s'étaient
arrêtées à l'intersection du boyau de communication que nous avions attaqué et de la série d'embuscades que le 46ᵉ abordait de front, et restèrent
confondues avec cette colonne pendant toute la
durée de l'action. Dans l'impossibilité de lutter
seuls contre ce renfort, et de nous maintenir sur
notre position, nous battons en retraite pour rallier la colonne du centre, et prenant place à son
extrême droite, nous nous abritons contre les projectiles derrière le revers de la tranchée ennemie,
à son point de jonction avec les embuscades.

Dix minutes s'étaient écoulées, quand il me
sembla qu'un mouvement extraordinaire se pro-
duisait sur le point que nous avions quitté. J'en
fis la remarque à mon capitaine, qui réunit une
seconde fois ses hommes, et, prenant encore le
pas de course, notre compagnie seule se porte de
nouveau vers le milieu du boyau de tranchée :
c'était une illusion ; aucune troupe ne s'avançait,
et si, dans le clair-obscur de la nuit quelque va-

gue apparition avait frappé ma vue, ce n'étaient
que des fuyards ou des combattants ralliés. Néanmoins, nous nous jetons encore sur la tranchée au
fond de laquelle grouillaient toujours les Russes,
se pressant, se gênant mutuellement, s'effrayant
eux-mêmes, et après une décharge individuelle,
saisissant encore les crosses, les sabres, les pierres
qui gisent à nos pieds, nous les faisons pleuvoir
sur ce troupeau d'hommes parqués dans un étroit
espace, et qui ne peuvent se rendre compte d'où
partent les coups qui viennent les frapper. Les
canons du bastion central vomissaient une mitraille effrénée ; les décharges se succédaient sans
relâche ; des milliers de projectiles de tout calibre
fendaient l'air avec un sinistre sifflement: nos
hommes, frappés comme par la foudre, sont fau-
chés comme des épis; un de nos caporaux tombe
mortellement atteint d'un biscaïen dans l'abdo-
men, et appelle à grands cris le capitaine, qu'il
prie de faire ses derniers adieux à sa famille. Nous
ne pouvons tenir plus longtemps sur ce terrain
découvert, labouré aussi bien par la mitraille ennemie que par les balles de nos compagnons
d'armes, et battant en retraite, nous revenons prendre position à la place que nous avions quittée.

Il y avait un quart d'heure environ que nous étions retirés, quand tout-à-coup une troupe ennemie, marchant vers nous parallèlement à la tranchée, apparaît cette fois distinctement à nos regards. Peut-être voulait-elle tourner notre attaque ; peut-être voulait-elle seulement s'éclairer sur la situation, et opérer une découverte : toujours est-il que la mitraille suspend momentanément ses effets destructeurs de notre côté, et que rassemblant nos hommes pour la troisième fois, nous marchons à la rencontre de l'ennemi, qui s'avance résolûment à notre approche. Armé d'une carabine abandonnée que j'avais saisie sur le champ de bataille, je marchais avec mes hommes. Au moment où allait s'engager une mêlée dans laquelle plusieurs de nos soldats trouvèrent encore la mort, un Russe, entraîné par son courage, se précipitait dans nos rangs, tête baissée et la baïonnette menaçante ; j'arrivais sur son flanc sans qu'il me vît, et il allait frapper un de nos hommes, sans doute, lorsque je l'arrêtai en lui plongeant ma baïonnette dans le corps. Cet infortuné, en portant la main à sa blessure mortelle, me lança, à la clarté de la lune, qui brilla durant cette nuit d'un éclat particulier, un de ces regards si

acérés, si significatifs, et dont l'expression me di-
sait bien : Infâme, tu as tué ton semblable! que
j'en fus remué jusqu'au plus profond de l'âme.
Sans force, sans idée, comme anéanti, je laisse
tomber l'arme meurtrière à mes pieds, je ne vois
plus rien, je n'entends plus rien; affolé, frappé de
vertige, je fuis épouvanté à l'égal d'un criminel
qui aurait horreur de son forfait, et sur mes traces marchent les débris de ma compagnie, que
les Russes, fuyant aussi vers leur bastion, n'in-
quiètent pas dans leur retraite. Longtemps, bien
longtemps après, j'avais encore sous les yeux ce
regard perçant qui me poursuivait comme un re-
mords.

Ce fait, que je n'ai pas voulu passer sous silence, peut vous être utile pour démontrer que,
même au milieu de la fureur du combat, nous con-
servons encore quelque sentiment d'humanité et
d'horreur du sang.

Vous savez le reste : la fusillade, la canonnade,
les explosions de toute nature retentissent durant la
nuit avec un horrible fracas. La brillante clarté de
la lune est obscurcie par des nuages et des tour-
billons de fumée épaisse ; à chaque instant, un cri
déchirant traverse l'espace : une nouvelle victime

vient d'être frappée par la mort ! Pourtant, nous nous maintenons, sous ce déchaînement de la fureur de nos ennemis, accroupis, couchés derrière la mince couche de terre meuble qui forme le revers des ouvrages que nous avons conquis, et que nos travailleurs, sous la direction du génie, relient à notre troisième parallèle. Puis au lever de l'aurore, à l'heure où les objets émergent des ténèbres, chargé par mon capitaine de cette mission périlleuse, je franchis dans une course furibonde, sous une recrudescence du feu de toutes les pièces, l'espace découvert qui nous séparait de la batterie 40, où le général de Lamotterouge avait établi son quartier général, pour l'informer que le jour naissant nous mettait dans l'impossibilité de nous maintenir sans danger sur des positions en proie à la mitraille des remparts ennemis, et, sur son ordre, nous rentrions dans nos tranchées, rendant grâces à Dieu d'avoir protégé nos jours.

Je me laisse entraîner à vous raconter des choses que je n'ai jamais dites à personne, pas même à ma famille, et si je me suis départi de mon silence en votre faveur, c'est pour satisfaire votre amour effréné des détails particuliers, et pour témoigner mon affection à celui de mes compagnons d'armes dont j'ai gardé le meilleur souvenir. Mais assez causé de mes petites affaires, et revenons à votre œuvre.

V

Est-ce que, dans les armées antiques, l'esprit de corps, qui joue un rôle si important dans les actions des armées modernes, n'entrait pas de concert avec la discipline et la tactique dans le succès des batailles? L'infanterie légère ne voulait-elle pas rivaliser d'héroïsme avec l'infanterie pesamment armée, et celle-ci voulait-elle le céder en valeur à la cavalerie? A Cannes, par exemple, dont vous avez fait l'analyse, la diversité des races, par l'émulation invincible qu'elle excitait entre Gaulois, Espagnols, Carthaginois et Numides, n'a-t-elle pas contribué à la victoire en secondant les combinaisons d'Annibal? Le cœur humain n'a pas changé, avez-vous dit; or, ce qui se passe aujourd'hui dans le cœur de nos soldats devait se passer également dans celui des anciens. Il me semble aussi que l'amour-propre individuel devait être puissant en un temps où chaque homme choisissait en quelque sorte son adversaire, et combattait corps à corps avec lui sous les yeux de ses

soutiens. Peut-être verrons-nous ces détails qui
n'avaient pas dans le combat antique autant d'importance que je leur en suppose, figurer dans les
divers mobiles du combat moderne, car l'on ne
peut nier que, de nos jours, l'esprit de corps et
l'amour-propre sont deux ressorts puissants qui
font agir le soldat. Ce dernier sentiment surtout
renferme en lui-même une force irrésistible qui
domine souvent la peur et l'esprit de conservation : combien d'hommes, sur un champ de bataille, ne sont retenus à leur poste de combat que
par cet amour-propre qui ne souffre pas que les
camarades puissent les traiter honteusement, et
même les ridiculiser?

Dans cette funeste expédition de la Dobrutscha
dont vous avez de bonnes raisons pour conserver
la mémoire, n'avez-vous pas été témoin de ce que
peut l'esprit de corps au milieu des fatigues et des
privations? Et tandis que, sur le flanc de la colonne, on voyait incessamment des soldats de toutes armes tomber abattus sous l'ardeur des rayons
d'un soleil du tropique et sous les angoisses d'une
soif inextinguible, dans les bataillons de chasseurs, alors composés d'éléments rivaux, les hommes, souffrant pourtant des mêmes tourments, ne

marchaient-ils pas à travers ces déserts empoisonnés avec un ensemble remarquable? Eh bien! cet esprit de corps qui faisait leur cohésion dans la marche, la faisait aussi sur nos champs de bataille de Crimée.

Il est encore de nos jours un motif bien puissant qui affermit le moral de nos troupes : c'est le but pour lequel elles vont combattre. Le soldat français répand volontiers son sang, mais il tient à savoir pour quelle cause il va le répandre. Si la cause est juste, si le bon droit est de son côté, on est, à moins d'être écrasé par le nombre, presque toujours assuré de la victoire; fort de sa conscience, soutenu par l'opinion publique, il s'engagera dans la lutte corps et âme, il y déploiera ses meilleurs sentiments; en un mot, il sera presque toujours invincible. Si la cause est injuste, sa conscience se rebellera, son moral en sera atteint, son action sera faible, indécise, et dans ce cas, il sera presque toujours vaincu. En 1792, quand nos volontaires, à peine instruits dans le maniement de leur arme, couraient à la frontière et chassaient du territoire les armées manœuvrières et bien disciplinées que Frédéric-le-Grand avait formées sur les champs de bataille de l'Allema-

gne, n'étaient-ils pas inspirés par le sentiment
d'une cause juste et sacrée? Ils étaient invinci-
bles. A la fin de l'Empire, qui pourrait affirmer
que nos revers en Espagne ne sont pas dus en
partie au sentiment de l'inique spoliation exercée
par Napoléon sur le roi Charles IV, sentiment que
chacun, sans s'en rendre compte, portait peut-être
dans son cœur? En Crimée, qui soutint nos soldats
contre les rigueurs de deux hivers boréaux, contre des privations, des fatigues de toute nature et
contre les lenteurs d'un siége meurtrier? n'est-ce
pas le sentiment du droit et de la justice? En Ita-
lie, n'allions-nous pas rendre à l'indépendance un
peuple sympathique, mais ingrat, et gémissant
sous le joug étranger depuis la chute de l'empire
d'Occident? Au Mexique, n'allions-nous pas, au
contraire, pour une cause vague, mal définie, con-
damnée par l'opinion publique, faire une guerre
impopulaire et impolitique ; et qui pourrait dire
encore que les tristes résultats de cette campagne
ne sont pas dus en partie au discrédit de l'entreprise? Je le répète, il nous faut un but pour combattre; et pour que nous soyons victorieux, il faut
que le but soit noble ou que l'agression soit
injuste.

LE SIÉGE DE SARAGOSSE.

I

La nouvelle des abdications imposées à Bayonne au roi Charles IV et à son fils Ferdinand VII, avait soulevé en Espagne une indignation générale. Dans toutes les grandes cités du royaume, un mouvement insurrectionnel avait spontanément éclaté, et, tandis que Madrid, Burgos, Tolède, Barcelone, s'associant de cœur à l'élan patriotique de la nation, étaient maintenues dans le devoir par la pression de nos armées, Saragosse, Valence, Carthagène, Séville, Badajoz, Oviédo, préludant par d'horribles massacres à la défense de l'indépendance espagnole, arboraient l'étendard de la révolte, et se préparaient à opposer aux desseins de Napoléon une résistance désespérée.

Dès que la connaissance de ces graves événements fut parvenue à son quartier général à

8

Bayonne, Napoléon prit les mesures les plus énergiques pour étouffer l'insurrection à sa naissance :
il prescrivit au général Dupont de franchir les dé-
filés de la Sierra-Morena, et de s'avancer, en écrasant les insurgés de l'Andalousie sur son passage,
sous les murs de Cadix, pour donner son appui à la
flotte de l'amiral Rosily, à l'ancre dans la rade; il
ordonna au maréchal Moncey de marcher sur Valence, au général Verdier de marcher sur Lo-
grono ; il enjoignit au maréchal Bessières de se
porter dans la vieille Castille à la rencontre des
deux armées espagnoles qui, descendues des montagnes de la Galice et des Asturies, menaçaient
Madrid et Burgos ; il prescrivit enfin au général
Lefebvre-Desnoëttes de concentrer à Pampelune
un petit corps d'armée de quatre mille hommes
pour marcher ensuite, sans perdre de temps, sur
Saragosse, foyer de l'insurrection aragonaise.

Des provinces insurgées, l'Aragon avait été la
première à prendre les armes : entourée de montagnes aux sommets escarpés, aux passages dif-
ficiles, dont les nombreux contreforts, en s'allongeant jusqu'au fond de la vallée de l'Ebre, venaient baigner leur pied dans les eaux de ce
fleuve, elle présentait des obstacles de toute na-

ture à la marche d'une armée envahissante. Ses habitants, la plupart bandits et contrebandiers habitués à gravir les sentiers de ces montagnes dont ils connaissaient les détours et les difficultés, se croyaient inattaquables au-delà de ces monts réputés infranchissables dans toutes les Espagnes, et cette confiance, unie au sentiment plus fanatique que patriotique qui les animait, avait fait naître en eux une exaltation dont Saragosse, leur capitale, partageait tous les transports.

Après avoir réuni toutes ses forces à Pampelune, le général Lefebvre-Desnoëttes se mit en marche, ne trouvant partout sur son passage que des villages abandonnés. Il franchit l'Ebre à Valtierra, et se porta sur Tudela, où s'étaient concentrés, avec les troupes de ligne du marquis Lassan, les paysans rebelles dont il venait de traverser les campagnes. Pour éviter à Tudela les horreurs d'une attaque de vive force, il envoya, avant d'engager le combat, des propositions à l'ennemi, qui accueillit ses parlementaires par des coups de fusil auxquels il répondit en donnant l'ordre d'aborder ses positions à la baïonnette. Après une première charge, nos jeunes soldats, pleins d'ardeur, délogèrent les Espagnols qui, mis en déroute, laissèrent toute leur artillerie en notre possession.

Avant de continuer sa marche, le général Lefebvre-Desnoëttes, voulant assurer ses communications avec Pampelune, fit rétablir le pont de Tudela, détruit par les Espagnols, et désarmer toutes les populations circonvoisines. Ces précautions prises, il se dirigea sur Saragosse en suivant la rive droite de l'Ebre; mais arrivé à Mallen, il se trouva de nouveau en présence des rebelles, postés sur les hauteurs en avant du village, et soutenus par deux régiments de troupes régulières. Attaqués par le flanc, les insurgés prirent la fuite, sans opposer une longue résistance, et poursuivis par nos lanciers polonais, ils jonchèrent le pays environnant de morts et de blessés.

Poursuivant sa marche sur le bord de l'Ebre, l'armée française, après avoir rencontré une troisième fois les insurgés sur les hauteurs d'Alagon, et les avoir dispersés comme à Tudela et à Mallen, se présenta le lendemain sous les murs de Saragosse, où les chances incertaines qu'elle trouva dans le succès d'une prise d'assaut, l'obligèrent à s'établir sur les hauteurs qui s'élèvent à l'ouest de la place, en attendant que des renforts demandés à Napoléon pussent la mettre en mesure de tenter l'attaque de ces murailles qui se dressaient devant elle, et contre lesquelles seraient venus se briser tous ses efforts.

Saragosse, bâtie sur la rive droite de l'Ebre, était une ville ouverte qu'aucun ouvrage de fortification régulière ne protégeait ; mais les obstacles dont l'avait entourée la nature suppléaient aux travaux que l'art aurait pu lui élever : doublement enveloppée par les eaux de l'Ebre et de la Huerba, petite rivière profondément encaissée, et par une muraille que flanquaient de distance en distance, comme des forteresses, de solides et massifs couvents, elle présentait pour l'attaque de sérieuses difficultés. En communication constante avec le nord de la province par son vaste faubourg de la rive gauche, que reliait un beau pont jeté sur le fleuve, elle recevait, sans inquiétude, les approvisionnements en vivres et en munitions qui lui étaient nécessaires, et pouvait rejeter de son sein tout ce qui était nuisible ou inutile à sa défense. Sa population habituelle de quarante à cinquante mille habitants s'était accrue de ces rassemblements d'insurgés que l'armée française avait chassés devant elle, et de bandes de

paysans fanatiques accourus et accourant incessamment dans ses murs pour opposer aux Français une résistance impossible à tenir dans leurs
plaines, et résolus à s'ensevelir sous les ruines de
leur capitale avant de la livrer. Elle s'était donné
pour chef Joseph Palafox, jeune homme dont le
patriotisme lui inspirait une confiance sans bor-
nes. Brave, énergique, aveuglément dévoué à la
cause de Ferdinand VII, il était fait pour commander à cette multitude dont il partageait les
sentiments, et qu'il dominait par l'ascendant de sa
nature héroïque.

Ce n'était pas avec un faible corps d'armée de
quatre mille hommes, dont la cavalerie constituait la principale force, que le général Lefebvre-
Desnoëttes pouvait vaincre les difficultés que présentait l'attaque de vive force d'une place si for-
midablement protégée, et par ses obstacles natu-
rels, et par des défenseurs qu'agitaient des sentiments si passionnés. Aussi, Napoléon s'était-il
hâté d'acheminer sur Saragosse, avec un grand
matériel d'artillerie de siége, une division d'infanterie qui porta à douze mille hommes l'effectif
du corps d'armée dont le général Verdier prenait
le commandement, avec l'assistance du général du
génie Lacoste.

Le premier soin du général Verdier fut de res-
serrer l'assiégé dans la place en faisant enlever
par les troupes du général Lefebvre-Desnoëttes
toutes les positions extérieures sur lesquelles de
nombreuses batteries furent élevées ; puis avec
dix mille hommes soutenus par le feu de vingt
pièces de gros calibre, il tenta un assaut général.
Une batterie de brèche était dirigée vers la gauche des attaques sur le château de l'Inquisition, à
l'assaut duquel le général Verdier se réservait de
conduire lui-même ses troupes, tandis que deux
autres batteries, dirigées l'une au centre, sur le
couvent de Santa-Engracia, l'autre à droite, sur
celui de Saint-Joseph, devait préparer les voies à
deux attaques simultanées que le général Lefebvre-
Desnoëttes devait conduire sur ces deux points.

Tout étant disposé, un feu terrible de vingt
pièces d'artillerie couvrit de bombes, d'obus et de
boulets les trois bâtiments attaqués, et malgré le
feu des quarante pièces de l'assiégé, trois brèches
suffisantes pour livrer passage à nos colonnes furent bientôt pratiquées. Nos troupes s'élancèrent
avec impétuosité ; mais accueillies sur les brèches
du château de l'Inquisition et du couvent de Santa-
Engracia par un feu des plus meurtriers, elles du-

rent renoncer à s'emparer de ces deux établissements. A droite, le couvent de Saint-Joseph, attaqué avec la même ardeur, était en notre pouvoir;
mais nos colonnes, repoussées par le feu violent
qui partait de toutes les maisons et des barricades
dont les rues étaient coupées, ne purent pénétrer
dans l'intérieur de la ville. Devant la résistance
désespérée que nous rencontrions, et que nous devions rencontrer à chaque pas, les moyens dont nous
disposions étaient impuissants pour réduire cette
ville rebelle. En conséquence, après avoir donné
l'ordre de la retraite, et fait occuper le couvent
de Saint-Joseph, seule conquête obtenue dans
cette attaque, le général Verdier attendit de nouveaux renforts de troupes et d'artillerie pour poursuivre ses opérations.

Un mois après, deux vieux régiments et un matériel considérable d'artillerie de siége, expédié
de Pampelune, étant venus grossir les forces du
corps assiégeant, une nouvelle attaque fut tentée
avec des moyens plus puissants : soixante bouches à feu, mises en batterie, tonnèrent contre la
ville et le couvent de Santa-Engracia, sur lequel
se portaient tous nos efforts. Sur les deux côtés de
cet édifice, s'ouvraient deux portes qui donnaient

accès dans la place, et qui, par deux rues, con-
duisaient au centre sur le boulevard, appelé
Cosso, qui traverse la ville et la divise en deux
parties. Le feu de nos batteries, dirigé sur ces
deux points, ouvrit deux larges brèches à nos colonnes, qui s'élancèrent avec enthousiasme ; mais à
leur apparition sur le mur d'enceinte, elles furent
assaillies par le feu terrible des barricades et des
maisons crénelées. Cependant, la colonne de droite
avait franchi le mur d'enceinte, et, après avoir
débarrassé la colonne de gauche des obstacles qui
obstruaient son passage, s'était précipitée dans la
rue qui, du couvent de Santa-Engracia, descend
perpendiculairement sur le Cosso. Après trois assauts livrés aux trois barricades qui coupaient suc-
cessivement cette rue, elle déboucha sur le Cosso ;
mais décimée par le feu que les insurgés, retran-
chés dans les maisons, faisaient pleuvoir sur ses
derrières, elle dut, avant de s'établir sur cette
grande voie, rétrograder pour faire le siége de
chaque habitation. Pendant ce temps, la seconde colonne avait appuyé à gauche, et s'était
engagée dans la rue qui, partant du couvent de
Santa-Engracia, aboutit obliquement à l'une des
extrémités du Cosso ; mais arrivée au cœur de

8.

cette rue, elle fut arrêtée dans sa marche par le feu du couvent des Carmes, que les insurgés avaient entouré d'un fossé, et défendaient avec opiniâtreté. Après avoir enlevé cet établissement, et en avoir chassé les défenseurs, cette colonne dut, comme la première, donner l'assaut à chaque maison pour assurer ses derrières.

Le lendemain, le général Lefebvre-Desnoëttes, à qui le général Verdier, blessé dans l'attaque de la veille, avait laissé le commandement, fit barricader ces deux parties de rues conquises, et résolut d'employer désormais la sape et la mine pour éviter une trop grande effusion de sang.

Nous étions maîtres d'une partie de Saragosse, et tout faisait espérer que bientôt l'autre partie tomberait en notre pouvoir, lorsque le désastre de Baylen ayant ouvert la route de Madrid aux armées insurgées d'Andalousie, de Murcie et d'Estramadure, toutes les forces françaises répandues en Espagne durent se concentrer sur l'Ebre. Dès lors, le corps du général Verdier, devant former à Tudela la gauche de notre ligne, reçut l'ordre d'évacuer Saragosse, au profond désespoir de nos soldats, dont le sang répandu à flots avait été inutile à la cause de l'Empereur.

II

Quatre mois s'étaient écoulés, et l'armée française, victorieuse à la bataille de Tudela, venait de disperser les armées de Castanos et de Palafox. Le maréchal Moncey, chargé de poursuivre les débris de l'armée d'Aragon, s'était présenté avec son corps devant Saragosse, qu'il avait mission d'investir et d'assiéger.

Depuis nos premières attaques, les insurgés avaient multiplié les travaux de défense autour de Saragosse : à l'extérieur, les hauteurs du Monte Torrero, qui commandent la place, avaient été couronnées d'un ouvrage considérable; derrière la partie du mur d'enceinte qui s'élève en face du château de l'Inquisition, sur l'espace compris entre l'Ebre et la Huerba, un épais terrassement appuyait la maçonnerie en forme de masse couvrante; près du couvent de Santa-Engracia, au point où la Huerba vient toucher l'angle saillant que forme la ville dans ses contours, une tête de pont, fortement retranchée, défendait le passage de la rivière; plus loin, un fossé et un terrassement enveloppaient le couvent de Saint-Joseph, et en arrière de cet édifice, une partie de mur ter-

rassé était couverte de batteries d'artillerie. Dans
l'intérieur de la ville, tous les gros bâtiments
avaient été armés et fortifiés, les maisons trouées
de mille ouvertures, et percées intérieurement
pour se relier l'une à l'autre. Enfin, elle était dé-
fendue par une populace furieuse de plus de cent
mille âmes, depuis que vingt-cinq mille hommes
de l'armée d'Aragon étaient venus en fuyant se
retrancher dans ses murs, traînant à leur suite,
avec quinze ou vingt mille bandits recrutés dans
les montagnes, toutes les populations effrayées
des campagnes environnantes.

Lorsque la division Grandjean eut enlevé la position du Monte Torrero, la division Suchet celle
de Saint-Lambert sur la rive droite ; lorsque la
division Gazan eut occupé, sur la rive gauche,
celle de San-Grégorio, intercepté les communications de l'assiégé en bloquant le faubourg de la
rive gauche, lorsque les Aragonais furent enfin
définitivement renfermés dans Saragosse, nous
pûmes commencer, sous la protection du corps
d'armée du maréchal Mortier, établi à Calatayud,
nos travaux d'approche contre cette place, que
nous devions maintenant attaquer suivant les rè-
gles de l'art et les exigences de la fortification
régulière.

Le général Junot, qui venait d'être investi du commandement en chef, avait choisi trois points d'attaque dirigés sur les parties de l'enceinte qui offraient le moins de péril, pour se porter promptement au cœur de la place. La première devait être dirigée à droite, sur le couvent de Saint-Joseph; la deuxième au centre, sur celui de Santa-Engracia et la tête de pont de la Huerba ; enfin la troisième, à gauche, sur le château de l'Inquisition, et destinée à faire diversion aux effets des deux premières, les plus importantes et les plus décisives.

Ces dispositions arrêtées, il fit ouvrir la première parallèle à environ cinq cents mètres des points attaqués, et fit pousser vigoureusement les cheminements sur la deuxième. Pendant que s'exécutaient ces travaux, les troupes régulières de la garnison tentèrent une sortie qui fut énergiquement repoussée, et dont l'insuccès éteignit une fois pour toutes, chez l'assiégé, la velléité de faire sur nos travaux de nouvelles tentatives.

Nous arrivâmes bientôt à la deuxième parallèle, et nos batteries étant armées, nos canonniers ouvrirent le feu sur le couvent de Saint-Joseph et la tête de pont de la Huerba. Une brèche praticable, faite à l'attaque de droite, ayant permis à nos colonnes de se lancer à l'assaut du couvent de Saint-Joseph, deux régiments se précipitèrent hors des tranchées, et, tandis qu'une partie des troupes attaquait l'ouvrage par son flanc gauche, l'autre l'attaquait résolûment de front. Après un court combat, les Espagnols, la plupart tués ou noyés, furent chassés de l'ouvrage, que nous occupâmes aussitôt, en nous fortifiant solidement du côté de l'ennemi, pour nous mettre à couvert de ses feux et de ses attaques.

Au centre, la brèche ayant été pratiquée, une colonne d'attaque précédée de 40 voltigeurs polonais, se jette sur la tête de pont, et, malgré l'explosion d'une mine dont les éclats n'atteignent personne, pénètre dans cet ouvrage, d'où elle déloge les défenseurs qui, en se retirant, font sauter le pont de la Huerba.

Nous étions établis sur ces deux points importants, quand le maréchal Lannes vint prendre la direction des opérations. Le général Gazan reçut aussitôt l'ordre de commencer les travaux d'attaque du faubourg de la rive gauche, qu'il se contentait de bloquer, afin d'enserrer la masse des assiégés dans un cercle plus restreint, et le maré-

chal Mortier, établi à Calatayud, reçut celui de
passer avec son corps d'armée sur la rive gauche
de l'Ebre, pour aller balayer, dans le nord, les
bandes d'insurgés qui infestaient les campagnes,
inquiétaient nos positions, et pillaient sur les rou-
tes les convois de vivres acheminés sur le corps de
siége.

Pendant que le maréchal Mortier dissipait pour
toujours les rassemblements qu'il rencontrait, et
assurait ainsi les arrivages de l'armée, les travaux
se poursuivaient avec activité aux attaques de
droite et du centre : au-delà du couvent de Saint-
Joseph, deux ponts de chevalets, couverts d'épaulements, avaient été jetés sur la Huerba ; puis on
avait dirigé les cheminements sur deux points du
mur d'enceinte, d'où l'on devait s'élancer dans la
ville, quand les brèches seraient devenues prati-
cables. Au centre, après la prise de la tête de pont
de la Huerba, on avait franchi cette rivière à
360 mètres en aval du couvent de Santa-Engracia,
que l'artillerie devait battre en brèche, pour livrer passage à une troisième colonne d'assaut.

Aussitôt que ces trois brèches furent pratiquées,
le maréchal Lannes ordonna l'assaut général, qu'il
dirigeait lui-même, et sous la protection de cin-

quante bouches à feu, accablant la ville de bombes et de boulets, trois colonnes d'attaque parti-
rent simultanément : à la première attaque de
droite, un détachement de voltigeurs, précédé de
sapeurs du génie, énergiquement conduit, franchissant l'espace qui le séparait de la brèche, à
travers les éclats de deux fourneaux de mine qui
n'atteignirent personne, ouvre le passage à une
colonne qui s'empare de la brèche; mais le feu
qui l'accueille à son entrée dans la ville, l'oblige à
se loger sur la brèche même, qu'elle ne peut franchir, et d'où elle travaille à établir une communication avec nos tranchées. A la gauche de cette
attaque, trente-six grenadiers, suivis d'une colonne d'assaut, s'élancent sur la seconde brèche.
Plus heureuse que la première, cette colonne pénètre dans la ville, s'empare des maisons voisines
du mur d'enceinte, et perçant ces maisons intérieurement pour se mettre à l'abri du feu qui
éclate de toutes parts, débouche, en appuyant
toujours à gauche, à l'entrée d'une large rue qui
aboutit directement au Cosso, où la mitraille que
vomissaient ses barricades arrêta son élan.

A l'attaque du centre, un détachement de voltigeurs polonais, entraîné par les officiers et les sol-

dats du génie, franchit le terrain qui sépare la Huerba du couvent de Santa-Engracia, sous une grêle
de balles et de mitraille; puis escaladant la brèche,
pénètre dans le couvent, débouche sur la place
Santa-Engracia, et s'empare d'un petit couvent voisin. Devant lui s'ouvre la rue Santa-Engracia, qui
conduit au Cosso, dont il est maître de l'entrée,
mais dans laquelle le feu des barricades et des maisons crénelées l'empêche de s'engager.

Sur la gauche de la place Santa-Engracia s'étend
un terrain vague que nos soldats traversent rapidement, malgré l'explosion de plusieurs fourneaux de mine qui, heureusement encore, ne font
aucune victime. Au-delà de ce terrain, s'élève, sur
la gauche, le couvent des Capucins, où le feu
d'une batterie décimait nos troupes, à découvert
sur cet espace. Un régiment se jette sur cette batterie et s'en empare, tandis qu'un autre régiment,
spontanément entraîné à la vue de cet acte de hardiesse, s'élance des tranchées sans signal d'attaque
pour se jeter sur le couvent même, formidable-
ment retranché et opiniâtrement défendu; mais
malgré le feu terrible que les Espagnols font pleuvoir en tous sens, et les attaques réitérées qu'ils
dirigent contre nos troupes pour reprendre cet

établissement, dont la conservation a pour eux une importance capitale , nous restons maîtres de ses murailles, derrière lesquelles on s'établit et se fortifie solidement.

Nous avions conquis, dans cette journée, trois points importants de l'enceinte, et nous avions pénétré dans la place ; mais nous étions loin encore d'être en possession de Saragosse, et elle ne devait tomber complètement en notre pouvoir qu'après avoir fait le siége de chaque quartier, de chaque maison, en employant la sape et la mine pour cheminer à travers ces rues barricadées et ces maisons crénelées.

Tandis que la division Morlot observait les mouvements de l'ennemi à la fausse attaque du château de l'Inquisition, pour protéger nos troupes engagées dans la place contre des retours offensifs, les deux divisions Grandjean et Musnier s'avançaient lentement dans les rues de la ville, au moyen de la sape et de la mine : au centre, on cheminait ainsi de maison en maison, le long de la rue Santa-Engracia, et ce fut au milieu de difficultés inouïes, de dangers incessants, que l'on arriva jusqu'au couvent des filles de Jérusalem, situé vers le milieu de cette rue. Quand nos mineurs eurent enseveli l'ennemi dans la contre-mine qu'il leur opposait, nous pénétrâmes à la baïonnette dans cet établissement. Plus loin, on s'empara de même de l'hôpital des fous; puis on mina dans la direction du couvent de Saint-François, situé sur l'autre côté de la rue, et d'où nous n'avions plus qu'un pas à faire pour déboucher sur le Cosso.

A l'attaque de droite, les couvents de Sainte-Monique et des Augustins, d'où les assiégés faisaient de grands efforts pour déboucher sur nos derrières, étaient tombés en notre pouvoir par les mêmes procédés. Après avoir fait sauter les mineurs ennemis qui, comme à l'attaque du centre, nous opposaient la contre-mine, l'on avait marché sur le Cosso par les rues de Sainte-Monique et des Augustins, toujours au moyen de la sape et de la mine. A la gauche de cette attaque, on s'avançait de même, à travers la rue Quemada, vers le but commun, et par ces trois rues on était arrivé en face du collége des Ecoles pies et du palais de l'Université, qui défendaient l'entrée du Cosso et que l'on s'était occupé de miner aussitôt pour les faire sauter en temps opportun.

Pendant ce temps, les travaux s'avançaient contre le faubourg de la rive gauche, et nos batteries étant disposées, le feu fut ouvert sur le couvent de Jésus, attenant au couvent de Saint-Lazare, établissement plus important, et dont la conquête devait faire tomber le faubourg. Vingt pièces de gros calibre battirent en brèche le couvent de Jésus, et une colonne d'assaut, lancée sur cet ouvrage, en avait chassé les quatre cents défenseurs; mais, encouragés par ce succès, et voulant fondre sur le couvent de Saint-Lazare, les assaillants furent ramenés par une fusillade terrible sur le couvent de Jésus, resté en notre pouvoir, et d'où de nouveaux cheminements furent dirigés sur le couvent de Saint-Lazare, que nos soldats, malgré leurs efforts héroïques, ne pouvaient enlever de vive force.

A l'attaque du centre, la mine nous avait ouvert un passage sur le couvent de Saint-François, où les assiégés minaient de leur côté. Pour les prévenir, on chargea aussitôt la mine de 1,500 kilogrammes de poudre, et pour envelopper un plus grand nombre de victimes dans la destruction, on avait feint une attaque afin d'attirer les assiégés sur le lieu de l'explosion. Au signal donné, le couvent de Saint-François avait sauté avec un horrible fracas, emportant dans l'espace des milliers de débris humains. Profitant de la terreur générale, nos troupes s'étaient lancées sur les décombres, et s'étaient emparées des abords du Cosso, sous le feu violent que les Espagnols, réfugiés sur les toits ou dans les clochers, faisaient pleuvoir à leur approche.

Tout étant préparé au faubourg de la rive gauche pour une attaque sur le couvent de Saint-Lazare, le maréchal Lannes fit donner l'assaut sous ses yeux : cinquante pièces, mises en batterie, ouvrirent une brèche dans les épaisses murailles de ce couvent; deux régiments s'y jetèrent rapidement, pénétrèrent dans le couvent, et tuèrent les Espagnols qui le défendaient. Par malheur, la brèche n'étant pas assez large pour laisser passer toute la division, les abords du pont ne purent être occupés en force suffisante pour couper la retraite à trois mille hommes qui repassèrent le fleuve, et sur sept mille combattants qui constituaient la garde du faubourg, quatre mille seulement furent faits prisonniers.

A l'attaque de droite, on n'attendait que ce signal pour faire sauter le palais de l'Université. Le feu, mis à la mine chargée de 800 kilogrammes de poudre, emporta le monument dans une

explosion épouvantable, et deux régiments, s'é-
lançant aussitôt à l'assaut, occupèrent les abords
du Cosso, que l'on devait faire sauter sur ce point
comme au centre.

Dès-lors tout espoir était désormais perdu pour
l'assiégé : nous étions maîtres du faubourg de la
rive gauche, sa seule communication avec le de-
hors, et d'où, dominant la place, nous pouvions
l'accabler sous le feu de notre artillerie réunie;
nous possédions toute la partie de la rive droite
comprise entre l'enceinte et le Cosso. La situation
intérieure de la ville était affreuse : une population considérable, affamée, brisée de souffrances,
de fatigues et de misères, était entassée dans un
étroit espace, dévorée par la contagion qu'avait
engendrée la décomposition de monceaux de cadavres laissés gisants sans sépulture. Palafox, son
chef intrépide, atteint lui-même de l'horrible
mal, comprit enfin qu'après des efforts héroïques
restés infructueux, toute résistance n'était qu'in-
humaine, et il envoya un parlementaire au maréchal Lannes pour traiter des conditions d'une capitulation.

La place dut se rendre sans conditions; la garnison dut déposer les armes en se constituant pri-

sonnière de guerre, et le lendemain les restes de ces énergiques défenseurs de Saragosse défilaient devant notre armée rendant hommage à leur courage, à leur constance et à leur patriotisme.

Depuis les temps fabuleux, l'histoire du monde n'avait pas encore fourni l'exemple d'un siége aussi gigantesque. Saragosse avait tenu trois armées françaises en échec, nécessité quatre attaques différentes, et n'avait cédé à la dernière qu'après vingt-neuf jours de tranchées ouvertes et vingt et un jours de combats dans ses murs.

FIN.

TABLE.

—

FIN DE LA TABLE.

LIMOGES ET ISLE,

Typographies Eugène Ardant et Ch. Thibaut.

www.ingramcontent.com/pod-product-compliance
Lightning Source LLC
Chambersburg PA
CBHW072000090426
42740CB00011B/2027